小児科医のママが教える

離乳食は作らなくてもいいんです。

工藤紀子 著

時事通信社

はじめに

元気で頭のよい子に育てたいからこそ「離乳食作らない宣言」

本書を手にとってくださり、ありがとうございます。

読者のみなさんにはいろいろな方がいらっしゃると思います。

これから始める離乳食に不安がある方。

いま離乳食をがんばっているけどつらい方。

離乳食時期で奮闘《ふんとう》しているご家族がいる方。

離乳食をあげてみたいなと思っているパパ。

離乳食で栄養が足りているか気になっている方。

保育ママの仕事に興味はあるけど、離乳食作りが心配だから前に進めない方。

そうしたみなさんも、この本を読めば、

「離乳食は作らなくてもいいんです。」

という理由がよくわかっていただけると思います。

そして、
・離乳食に対する不安がなくなります
・離乳食作りの負担が激減します
・誰でも安全で栄養バランスのとれた離乳食をあげることができます
・体の栄養が満たされることで、心の栄養も満たされます

そうなると、

・ママの笑顔が増えます
・パパの笑顔が増えます
・育児にかかわるすべての人の笑顔が増えます

つまり、みんなの笑顔が増えて、子どもの心身によい影響を与え、**元気で頭のよい子が育つのです。**

その秘訣《ひけつ》をご理解していただくには、私のことを少し知っていただく必要があるので、お話しさせてください。

私は小児科医になった後、大学院で栄養と子どもの発達との関係について研究しました。本書でくわしくご説明しますが、簡単にまとめると、「鉄」や「DHA」などの栄養が満たされれば、子どもの発達がよくなるということを学んだのです。

大学院に通いながら、毎日多くの子どもたちを診察し、ママたちと話をする機会が増えました。なので、小さなお子さんをかかえるママたちの苦労は知っているつもりでいました。

しかし実際は、わが子が生まれてはじめて、子育ての難しさと対面することになります。

数時間おきの授乳で毎日寝不足状態（これがボディーブローのようにじわじわきました）。

おむつ交換、洗濯《せんたく》、炊事《すいじ》、お買い物。

育児と家事に追われ、1日があっという間に過ぎていきました。

そんな大変な状況のなかで、離乳食作りが始まります。

小児科医師といえども、離乳食作りはまったくの素人《しろうと》。

離乳食講習会に行き、離乳食の本も山ほど購入し、栄養バランスのよい離乳食を子どもに与えたいと悩み苦しみ奮闘しました。

ところが私の苦労などまったく知らない娘は、一生懸命に作った離乳食を投げたり、ぐちゃぐちゃにしたり、吐《は》きだしたりします。

「食べてくれない！」「栄養が足りない！」

栄養の大切さを学んだだけに、気持ちは焦《あせ》ります。

掃除も洗濯も増えてストレスは蓄積《ちくせき》するばかり。


でも、「これはみんなが経験することだ」「子どものために絶対にやらなければならないことだ」と、どんなにつらくてもがんばり続けていました。

そして、いつしか私は「この前に笑ったのは、いったいいつだろう」、そんなふうになっていました。


その後、夫の仕事でアメリカへ行くことになり、そこで息子を授かりました。

息子の離乳食時期になると、「またあのおそろしい時期がやって来るのか」と暗い気持ちで、「離乳食いつ始めようか、どうしよう」と悩んでいました。

ところが、アメリカの小児科の先生に聞くと、みんな離乳食は買って与えているというではありませんか！

よく調べてみると、**アメリカでもイギリスでもドイツでもオーストラリアでも中国でも、先進諸国では市販の離乳食をあげているよう**です。

「なんということ！」

どんな離乳食が売られているのか見てみると、あるわあるわ、栄養面にも安全面にも配慮《はいりょ》された離乳食が種類豊富にそろっているのです！

実際、息子にあげてみると、とにかく楽チン。
手間がかからない分、気持ちの負担が全然違います。
栄養面や安全面での不安や不満もなくなりました。

すると自然に笑顔も増え、離乳食の時間が全然怖くなくなったのです。
憂《ゆう》うつな離乳食からニコニコ離乳食に変わった瞬間でした。

帰国後はまた診療に戻り、年間にのべ1万人ほどの子どもとそのママたち、家族と接するようになりました。
そこで日々目にしたのは、5年前と何も変わっていない日本の状況でした。
クリニックにいらっしゃるママたちの多くは、かつての私と同じようにストレスと闘いながら身を粉《こ》にして離乳食作りに苦しんでいたのです。

「離乳食は、買ってあげてください」

そう言っても、短い診療時間のなかではなかなか理解してもらえません。

ママたちにしてみれば、「離乳食は作るのが当たり前」という考えが染《し》み付いているためか、すんなり受け入れられないのでしょう。

「ありがとうございます。でもがんばります」

なーんて、哀《かな》しい笑いをしながら言われちゃうんです。

以前の私も同じ立場なら、きっとそう言ったでしょう。

しかし私は気休めや慰《なぐさ》めで言っているのではなく、**子どもの発達のためにも、医学的根拠《こんきょ》にもとづき、市販離乳食を使ってほしいと強く願っているのです。**

離乳食の時期は、疲れもイライラもマックスになる時期。

そんな大変な時期に、さらに大変な思いをして離乳食を手作りしなくてもいいんです！

赤ちゃんの健康と成長を考えた栄養満点の離乳食を作ろうとしてがんばらなくてもだいじょうぶなのです。

離乳食作りから解放されれば、ママの笑顔が増えます。

ママの笑顔が増えれば、子どもはもっと笑うようになり、夜もよく眠るようになります。栄養面で不足していたものが満たされ、情緒《じょうちょ》が安定すれば、元気で賢い子が育ちます。

最初のスタートがうまく切れると、その後の育児はよりスムーズに進みます。

もうよいことづくしです。

笑顔の時間を増やすために、子どもの発達を促《うなが》すために、元気で楽しく過ごすために、「市販の離乳食」に切り替えましょう。

本書では、なぜ「作らないほうがうまくいく」のか、順を追ってご説明いたします。

栄養豊富で安全・安心、手軽で便利な市販の離乳食を上手に採《と》り入れる方法もお話ししていきます。

さあ、あなたも今日から「離乳食作らない宣言」をしてみませんか？

もくじ

PART 2 「離乳食」は作らないほうがうまくいく！

PART 4 買う離乳食の選び方・使い方

PART 5
Q&A 「市販離乳食」を上手に使いこなすために

PART 1

「心が折れそうです」と泣きだすママたち

「心が折れそうです」「長い間眠れていないんです」と泣きだすママたち

私が勤務しているクリニックの小児科には、1日50人から100人近くの赤ちゃんや子どもたちがママやパパ、おばあちゃん、おじいちゃんと一緒にやってきます。

生後6～7カ月、9～10カ月健診に訪れる親子もいれば、子どもが熱を出した、せきで眠れない、お腹が痛い、じんましんが出たなど、さまざまです。

しかし、

具合が悪そうなのは子どもだけではありません。

ママも見るからに元気がなく、向かい合ってお話をしているときなど、

「このお母さんはずいぶん疲れているな」

と感じることがよくあるのです。

いろいろ話を聞いてみると、「心が折れそうです」と嘆《なげ》くママ。

「もうずいぶん長い間眠れていないんです」と訴えるママ。

そんなママたちに「大変ですよね。よくがんばっていらっしゃいますよ」と声をかけると、ポロポロと涙を流されます。泣きたくてもつらくても誰にも言えず、ずっとがまんしてきたのでしょう。

ママたちはお産直後から数時間おきの授乳やおむつ交換で寝不足が続き、そのうえ、掃除《そうじ》、洗濯《せんたく》、買い物、子どもの相手などで疲れがたまっています。

精神的にも肉体的にも、限界ギリギリまでがんばっているのです。

そんなママたちの心の悲鳴をいくつかご紹介いたします（私自身が経験したつらい体験も含《ふく》まれています）。

お悩み事例❶ 離乳食作りはこんなに大変！

マニュアルどおりに進めることなんてできない！

「さあ、離乳食作りがんばるぞ！」とはりきるママ。

離乳食のレシピ本や雑誌、ネット情報は山ほどあります。解説文に添《そ》えられたステキな写真を見ると、やる気をかきたてられます。だけど実際に作ってみると、全然うまくいかないんです。

「5～6カ月はゴックン期、7～8カ月はモグモグ期、9～11カ月はカミカミ期、12～18カ月はパクパク期。成長段階によって食材や調理方法を変えましょう」と多くの本に書いてあります。

これがやたらと細かい！　タンパク質が何gだの米が何gだの硬《かた》さがどうだの、

まったくもってちんぷんかんぷんです。何を言っているのかよくわかんないんです。


「本のとおりに進めたい」

「進めないと遅れているということになる」

「これを食べなければ失格《しっかく》だ」

と思い込み、とにかく必死になっているママたちは、

「うちの子、もう9カ月なのにモグモグできません。だいじょうぶでしょうか?」

「うちの子、お米は80g食べるのですが、タンパク質は10gくらいで食べなくなることもあり、心配です」

などと自分を追いつめ、不安でいっぱいになっています。

さらに、時間をかけて、離乳食の本やネットを調べまくって、お手本どおり食材をそろえて、グラム数を量って、見よう見まねで一生懸命作っても、食べてくれないこともあります。

お悩み事例❷ 離乳食作りはこんなに大変！

本や雑誌やネットで見るような、きれいでステキでオシャレな離乳食なんて作れない！

どの離乳食の本を見ても、色彩豊かに美しく盛り付けされています。

それはもう芸術作品のようです。


実際にママたちが手作りした離乳食の写真がインスタグラムやフェイスブックなどのＳＮＳに投稿《とうこう》されているのを見ても、オシャレでステキなものばかりです。

そんな投稿を見て、

「私はとてもこんなふうにできないわ」

「できる人もいるのに、私にはなぜできないのだ！」

と落ち込んでいるママも少なくありません。

ママは管理栄養士でもなければ、調理師でもシェフでもコックさんでもパティシエでもありません。ステキな美しい離乳食を作れなくてもいいんです。

お悩み事例❸　離乳食作りはこんなに大変！

一生懸命に作っても、全然パクパク食べてくれない！

「ベッー！」と吐《は》きだす
「ブッー！」と噴《ふ》きだす
「グチャ！」と手でつぶす
「ポーン！」と投げ捨てる
「ベットリ」と顔にぬる

子どもが寝ている間に本やネットを一生懸命に検索し、よさそうなレシピが見つかると、実際に作ってみたくなりますよね。

そして、泣き叫ぶ子を置いて、なんとかやっとのことで作り上げ、

「さあ召し上がれ！」と離乳食をあげても、食べない食べない。

子どもは甘《あま》くておいしいおっぱいやミルクだけ飲んできたので、それとは全然ちがう味のものが口に入るとびっくりします。それが食べ物なのか、おもちゃなのか、いったいなんなのか、わかりません。

子どもが吐きだしたり投げたりつぶしたりするのは、それがどんなものなのかを知るために必要な行為《こうい》であり、ごく自然なことです。

それでも大人の立場からすれば、パクパクニコニコ食べてほしい。

そして、そのギャップが、ストレスやイライラにつながるのです。

一生懸命に作った食事を粗末《そまつ》にされた（と感じ）、その後のお掃除《そうじ》もしなければいけないので、もう気持ちはけちょんけちょんです。

最初からパクパクニコニコ食べてくれる子はめったにいません。食べるようになるまで1カ月かかるのか、3カ月なのか、半年なのか、1年なのか、子どもによってちがうので、わかりません。先が見えないなか、いかに仏のような心を保って子どもと接し続けるかは、もはや修行のようなものです。

お悩み事例❹ 離乳食作りはこんなに大変!

子どもは放置されて泣き叫び、母子ともに、もうこんなのたえられない!

生後半年くらいからの約1年間は、子どもが人見知りをしてぐずりやすい時期です。

ママがそばにいないと泣きだし、ハイハイや立っちのできる子はママの後追いをすることもあります。

ところが、ママは離乳食を作るために子どものそばを離れないとならないので、子どもは泣きだします。

ママのほうでも、慣れない離乳食作りをするには本や雑誌、ケータイ片手に、必死です。

すりつぶす？　網《あみ》でこす？　すり鉢《ばち》でする？　きざんで細かくする？

一つひとつがはじめてのことばかりなので余裕がありません。


子どもからしたら、ママの意識が別のほうに向くのでおもしろくありません。

なんとか気持ちを自分に向けようとします。

そして、ギャン泣きの子を前にママの気持ちはいよいよ焦《あせ》り、イライラします。


「いま作ってるんだから！　待ってて！」

つい大声をあげてしまうと、子どもはさらに泣き叫び、よろよろとつかまり立ちをしたとたん、頭をゴチン！

うわあああああああああ！

ママは急いで抱きかかえようとして、台所の食材をひっくり返します。

もう、それは修羅場《しゅらば》ですよ。
ギャン泣きする子どもをかかえたママのほうこそ泣きたいです。

子どもが転んで頭をぶつけたくらいなら、まだよいのです。
でも、それまでは上れなかったはずのソファに上って落ちたり、洋服ダンスの引き出しを開けて、そこを階段にして上ってつまずいたり、カーテンを結わえるひもに首が引っかかったりして、そこから思わぬ事故につながることもあります。

子どものためを想って作っている離乳食なのに、子どもの安全が脅《おびや》かされるようでは本末転倒です。

子どもは日々成長します。昨日までできなかったことが、今日はスイスイできるようになっている、ということがあるのです。

昨日までだいじょうぶだったから、今日もだいじょうぶというわけではありません。
また、慣れないことに夢中になると、つい少しだけ目を離したつもりが、意外と時間が経っていたりもするのです。

お悩み事例❺ 離乳食作りはこんなに大変！

こんなにつらいのに、やめられないのってつらすぎる！

じゃあ、そんなにつらいならやめたらいいじゃない？

それが育児ではなく仕事ならば、もう本当に疲れた、このままではやっていけないと思ったときは、「やめる」という選択肢があります。

ところが、離乳食は基本的に作るものだと思っているママたちにとって、離乳食作りをやめられるかというと、答えは、「ノー」です。

ママたちの頭のなかでは、

「離乳食を作らない→子どもが食べられない→子どもが生きていけない→母親失格（ママであることをやめること）」

となっていますから、

どんなにつらくても、
どんなに苦しくても、
どんなに逃げたくても、

子どもを育てるために、子どもを生かすために、母親なんだから離乳食を作らなければならない、立ち向かわないといけない義務だと思い込んでいるのです。

しかし、

離乳食は絶対に作らなくてはいけないというわけではありません。

栄養満点の離乳食がたくさん売られています。離乳食を買うことによって、ママたちを苦しめる呪縛《じゅばく》から逃がれることができるのです！

Column
コラム

思わず子どもに手をあげてしまったのは離乳食の時期だった

「あなたは小児科のお医者さんだから、育児になんの心配もないでしょう?」とよく言われますが、全然そんなことありません。

私も多くのお母さんと同じように、はじめて離乳食に取り組んだときは悩み苦しみました。「毎日きちんと栄養満点の離乳食を作って食べさせなければいけない」という常識にとらわれ責任感にかられ、思うようにいかないことがあるたびに、それはそれはイライラしていたのです。

ある日のことです。娘はいつものように離乳食を投げたり、つぶしたり、吐きだしたりして、娘自身も服もひどく汚れてしまいました。もうこれはお風呂に入れて洗うしかない、と服を脱がそうとしても、ぐずってばかり。服の間から食べ物がボロボロとこぼれ、あたりに散らかります。

あんなに一生懸命作ったのに、全然食べない！　掃除も片付けも増えて本当に大変！

突然プチーンと私の中で何かが切れて、「いったい何がいやなのよ?!」と叫び、ぱちーーーーん！　と娘のお尻《しり》を叩《たた》いてしまいました。

「うわあああああーん!!」

お風呂場に広がる娘の泣き声。

しかし私は泣き叫ぶ娘を抱きしめるわけでもなく、お風呂場

の鏡に映る小さなお尻に残った赤い手の跡《あと》と、ボサボサ頭ですっぴんの情けない自分の姿をぼーっと眺め、「いったい何が起こったんだ」としばし呆然《ぼうぜん》としていました。

何分か経ち、このままではいけないと気づいた私は、罪悪感《ざいあくかん》と情けない気持ちでいっぱいになり、「ごめんね。ごめんね」とホロホロ泣きながら、やはり泣き叫び続けている娘をやっと抱きしめました。

私は子どもを授かる前は、虐待《ぎゃくたい》なんて絶対してはいけない、ありえないと思っていました。子どもを叩くなんて親失格だと思っていました。

しかし叩いてしまったのです。まさか自分にこんなことが起こるなんて！

言葉の理解もままならない愛すべきわが子に声を荒立てて怒るなんて！

なんてことでしょう。

あのときのつらく苦しい気持ちは、今もありありとよみがえってきます。

相当疲弊《ひへい》していたんだと思います。でもあんな思いは誰にもしてほしくない。

子どもは泣きます。

でも本当に泣きたいのはママたちなのです。

子育て中に感じる大きなストレスは、周りからすれば「母親なんだからやって当たり前」と認識されます。

そして当然、「母親である自分はがまんしてもやるべきだ」となるのです。

私は実際に子どもを持ってはじめて、世のなかのお母さんたちが子育てにいかに大きな労力を払っているかを実感しました。

ところがアメリカで二人目の子を産んでから、私の離乳食への「常識」は大きく変わります。

PART 2

「離乳食」は作らないほうがうまくいく！

「買う離乳食」に替えればよいことがいっぱい

市販の離乳食を活用するとどんなメリットがあるのか、手作り離乳食と比べながら考えてみましょう。

「離乳食作り」から解放されると、じつはこんなよいことがあるのです。

手作り離乳食の問題点❶

調理に手間と時間がかかり、衛生面の管理が難しい

◎細かくきざむ、すり鉢でする、網で裏ごしするetc. 手間と時間がかかる

離乳食を作ろうと思ったとき、「離乳食作りキット」を買って来る方もいらっしゃるでしょう。このキットには、すり鉢《ばち》、こすための網《あみ》、食材をつぶすための道具などが入っています。

これらを使って離乳食を作るとなると、思っているよりずっと手がかかります。終わった後は、すり鉢の目地や細かい網につまった食材をきれいに掃除《そうじ》するのも大変です。

◎少量なので焦げやすい

作るものはごく少量なので、通常の調理に比べて断然焦《こ》げやすく、つねにお鍋《なべ》のそばにいないといけません。

◎衛生面の管理をしっかりしないといけない（まな板、包丁、食器の消毒）

食事を作るときに適切な手洗いや洗浄《せんじょう》をしていないために、菌《きん》やウイルスが食べ物に付着し、それを口に入れてしまうことがあります。

大人の場合は、「ちょっとお腹痛いな」「ちょっとお腹がはるな」「ちょっとムカムカするな」という程度ですむものも、子どもは激しい嘔吐《おうと》や下痢《げり》になり、ひどい場合は脱水症状《だっすいしょうじょう》を起こし、血便《けつべん》が出て、最悪のケースでは死にいたることもあるため、食材の扱いには厳重《げんじゅう》な注意が必要です。

離乳食を作る際は、衛生面の管理を徹底しなくてはなりません。

・手洗いをしっかりすること

・生肉や生魚をさわった手で、そのまま蛇口《じゃぐち》やフライパンなどの取っ手や食器にふれない、もちろん子どもにもふれないこと
・包丁、まな板はこまめに洗うこと
・生肉や生魚を切った後は、エタノールや次亜塩素酸《じあえんそさん》ナトリウムで消毒するか、熱湯《ねっとう》消毒を行うこと
・生肉や生魚から出た水分が周囲に飛んで汚染しないように気をつけること
・野菜も必ず水洗いすること

これらすべてに気をつけながら離乳食調理を行わないといけません。

離乳食作りの本を見ると、「まとめて1週間分作るフリージングレシピ」なども散見《さんけん》されます。この場合は、冷凍保存をするのでよりいっそう、衛生面に気をつけないといけません。

1週間分をまとめて作るには、それなりの時間も必要です。週末や休みの日は離乳食作りのための買い物や調理に3時間くらいかける、ということになるでしょう。

そういう時間を確保するのもなかなか難しいことです。

私だったら、3時間あるなら寝たい！　そう思います。

「買う離乳食」ならここが解決❶

手間も時間もかからず、楽・早い・安全・保存ができる

◎調理ずみなので、いつでもどこでも「5秒で離乳食」が可能

食の安全や衛生面に配慮《はいりょ》して作られた離乳食が、スーパーマーケット、ドラッグストア、そしてネットでも簡単に手に入ります。

これを「買って、開けて、食べさせる」。

これだけですから、とても手軽で便利。思い立ったらいつでもどこでも、「5秒で離乳食」です。

◎厳格な衛生管理が行き届いた工場で作られているので、安心して食べさせられる

市販の離乳食は安全にも十分配慮されています。無菌《むきん》状態で充填《じゅうてん》されていますから、開けてすぐ食べた場合、食中毒が発生する危険性はほぼゼロです。

子どもに離乳食をあげる前にママが手を洗うことはもちろん必要ですが、何度も手を洗うことも、何度も包丁を洗うことも、何度も除菌《じょきん》スプレーで台所を清潔《せいけつ》にする必要もありません。

◎赤ちゃんが食べやすい形状に工夫されている

「細かくきざむ」「やわらかくなるまで煮込《にこ》む」「すりつぶす」「すりおろす」「裏ごしする」「ほぐす」「あえる」「とろみをつける」といった、手間のかかる調理をすべて、ママの代わりにやってくれています。

◎無菌で作られているため、長期常温保存ができる

長期常温保存が可能なので、家にストックしておくことができます。災害時に大人用の炊《た》き出しはあっても、離乳食の炊き出しはないので、いざというときに備えておくと安心ですね。

栄養が偏りやすい、成長に欠かせない鉄や亜鉛が不足しやすい

◎毎回ほとんど同じ食材ばかりになりがち

これは大人の食事にも言えることですが、うちで作る料理はどうしてもワンパターンになりがちですよね。いくつか決まったメニューがあって、そのくり返し。ただ、大人の場合は外食もできますし、いろいろなお惣菜《そうざい》が販売されているので、なんとかバランスがとれているのだと思います。

しかし赤ちゃんの場合はそうはいきません。

「栄養面を考えて、いろんな食材をバラエティ豊かに」と思っても、離乳食に使う量自体がすごく少ないので、**せっかく買った肉や魚、**

野菜などをムダにすることも多くあるでしょう。

そうなると、使いやすい食材ばかり使うことになり、昨日も一昨日も今日も同じメニューというのはありがちです。実際私も「トマト納豆《なっとう》モロヘイヤご飯」が何日も続いたことがあります。

子どもに必要な栄養が十分摂れていない、とうすうす気づいていても、何がどれくらい不足しているのかがわかりにくいので、改善のきっかけをつかめないということがよくあります。

◎レバー、肉類には鉄分や亜鉛が多く含まれているが、調理しにくい、子どもが食べにくい

鉄や亜鉛を豊富に含む食材は調理しにくい、というのは私も経験を通じて実

感していることです。

まずレバーに挑戦したときは、新鮮なレバーを手に入れるためにお肉屋さんへ行き、ごく少量だけ購入しました。そしてそれを、衛生面に十分に気をつけながら、使い捨ての手袋をつけて下処理をして、やっとのことでレバーが入った何か（忘れましたが笑）を作ったのですが、子どもはまったく食べてくれませんでした。

このレバーですが、今思えば、大人用に食べる分も考えて、もっとたくさん購入すればよかったと思います。

そしてあとで学んだのですが、レバーの場合、鮮度は関係ないそうです。どうあっても、サルモネラ菌やカンピロバクターなどの菌が付着しているので、衛生管理をしっかりしないといけないのです。

「新鮮だから食中毒にならない」は、まちがった情報です。

その後、いろいろなお肉に挑戦しましたが、衛生管理が難しいうえ、子どもが好む形状にしたりトロミをつけたりするのが難しく、食べさせるのにもとても苦労しました。

「買う離乳食」ならここが解決❷

メニューの種類が豊富であり、鉄や亜鉛が上手にとれる

◎プロの栄養管理士がレシピを作成しているので、栄養価が高く、バランスもよい

市販の離乳食は非常に種類豊富で、バリエーションに富んでいます。素材にこだわった、手作りに近い離乳食もたくさんあります。

一つのメーカーだけにしぼらずに、さまざまなメーカーのものを食べることにより、よりバランスよく栄養が摂れます。

◎摂取しにくい栄養素（鉄・亜鉛）を加えた製品がある

摂取しにくい鉄・亜鉛《あえん》に関しても、レバーやお肉を食べやすいように調理さ

れた製品がいろいろとあります。菌やウイルス混入の心配もなく安全面でも安心です。

鉄や亜鉛を添加《てんか》している離乳食も数多くあります。これは海外製品に多く見られる傾向です。

先ほどから鉄や亜鉛としつこく話に出ていますが、これらの栄養素は子どもの発達には欠かせないものなのです。特に、鉄は鉄欠乏状態になることによって、落ち着きがなくなったり、癇癪《かんしゃく》を起こしやすくなることもあります。

以前は「イライラしたらカルシウム不足」なんて言われていましたが、本当は**「イライラは鉄不足」**が原因の可能性があります。

鉄は一度体内からなくなると補充《ほじゅう》されるまで数カ月かかるため、離乳食を開始したら鉄の豊富な食材を食べる必要があります。これが市販の離乳食だと、簡単に安全に、よりおいしく、子どもに与えることができるのです。

手作り離乳食の問題点③

外出時の持ち運びが大変

◎密閉容器に入れても、漏れることがある
◎腐敗する可能性がある（保冷剤と一緒に持ち歩く必要がある）
◎持って行っても食べないときは持ち帰り、捨てないといけない
◎食べ終わっても容器を捨てることができず、かさばる

子どもを連れて外出しようとすると、荷物がどんどん増えていきます。特に離乳食の時期の外出は大変です。せっかく持って行った離乳食がぐちゃぐちゃになって容器から漏《も》れてしまい、それがバッグのなかに散乱し、着替えやオムツバッグが汚れて食べ物の匂《にお》いになってしまったら、お出かけしてリフレッシュするはずが、悲しい気持ちでいっぱいになりますよね。

レストランによっては、持ち込みさえダメなところもあります。しかし、市販の離乳食を用意しているところもあるので、予約するときにいろいろ聞いてみましょう。

ベビーカーを持ち込めないところもあります。この時期の外出は荷物は多いし、子どもも重いし、気もつかうし、本当に心身ともに疲れます。

「買う離乳食」ならここが解決❸

持ち運びに便利、外出先で買うこともできる

◎絶対に漏れない
◎絶対に腐らない（開封前は常温で保存可能）
◎食べ終わった容器は外出先で捨てるだけ
◎食べなかったとしても持ち帰り、次に使える、保存がきく

市販離乳食を家にストックしておけば、急なお出かけにも役立ちます。スプーン1本あれば、スーパーマーケットやドラッグストアで離乳食を買って食べさせる、ということもできます。

開封前であれば常温で保存が可能なため、保冷剤を一緒に持って行く必要はありません。食べた後はそのままゴミ箱にポイと捨てればいいので、荷物が

かさばることもありません。

ただ、食べ終わったゴミや食べ残したものが捨てられるかどうかは、市区町村やその地域の決まりによって異なるので、捨てられるかどうかを確認してから捨てましょう。

一個心配ごとが減るだけで、だいぶ負担が減ります。

手作り離乳食の問題点❹

知らなかったために、子どもの健康を傷つけることがある

◎1歳未満の乳児にハチミツや黒糖を与えてはいけないのに、知らずに与えてしまい、ボツリヌス中毒になることがある

ハチミツや黒糖《こくとう》（精製途中の砂糖）に含まれるボツリヌス菌は、そのままの状態で増殖《ぞうしょく》することはありませんが、乳児の腸《ちょう》のなかで増えて、毒素を出すようになります。

また、ボツリヌス菌は熱に強いため、加熱によって死滅《しめつ》するものでもありません。

そんな危険をともなうハチミツや黒糖を赤ちゃんに食べさせてはいけないということを知らずにあげてしまい、近年、悲しいことにボツリヌス中毒で亡

くなったお子様もいらっしゃいます。これは知ってさえいれば防げた事故です。

◎知らずに塩分過多になりがち（塩分が多すぎると死にいたることも）

塩分にも注意が必要です。

「濃い味付けにすると子どもがよく食べるから」「大人と同じ食べ物はよく食べる」と、離乳食に塩や醤油《しょうゆ》を安易に足すのは危険です。大人の食事の取り分けをするのであれば、味付けをする前にしましょう。

2015年には悲惨《ひさん》な事故が起きています。ある保育所で、1歳児に塩分入りの飲料を飲ませたために、塩化ナトリウムの摂りすぎで死亡してしまったという例があるのです。

これは極端な例ですが、保育園や保育ママさんやベビーシッターさんを利用する人が増えているという現状を考えると、子どもとかかわる場所では積極的に市販の離乳食を使ってほしい、それによって食にかかわる事故を防ぐこともできると思います。

塩分を含む食材はいろいろとありますから注意してください。

離乳食にお塩を足す必要はない、と思ってよいのです。

海外では、「1歳未満の子の食事に塩分は使

用しない」としている国もあります。

日本の場合は、1日3回食べている子の場合、使ってよい塩は1回0・5g以下です。つまり耳かき1杯分くらいです。

◎野菜や果物の残留農薬がどのくらいあるかは未知数

一般のスーパーなどで買える野菜や果物は、海外で見るものに比べてずっとキレイで、虫がいることもほとんどありません。これは、農薬のなせる業《わざ》です。

有機食材を扱っているスーパーや店舗《てんぽ》、ウェブサイトでは、残留《ざんりゅう》農薬を計測しているところもありますが、私たちが日頃口にしている野菜や果物に残留農薬がどのくらいあるのかは未知数です。

残留農薬の心配がない食材を選んで購入することもできますが、そうでない食材と比較すると1・5倍ほどお値段が高くなっています。

「買う離乳食」ならここが解決❹

安全な食材を使用、塩分調整とアレルギーにも配慮

◎厳格な残留農薬基準をクリアしている

市販されている離乳食のうち、日本製のものは日本ベビーフード協議会による厳しい審査基準をクリアしています。

残留農薬基準も厳しく審査され、メーカーによっては放射線検査をしているところもあります。

外国製の場合は産地国の審査基準をクリアしているので安全です。

◎有機食材を使用しているものが多くある

有機食材（オーガニック）を使用している市販の離乳食も多く見られます。

海外の離乳食の多くは、「nonGMO」と表記されています。これは、遺伝子《いでんし》組み換《か》えでないことを示す表記です。

◎塩分調整がなされている

塩分量も厳格に決まっており、基準内に収まるようになっています。海外製品は日本以上に塩分量の基準が厳しく、食物由来のナトリウムは別として、食塩を添加することはしていません。

◎アレルギーがある子でも選びやすい

特定原材料（7品目）である卵、乳および乳製品、小麦、エビ、カニ、落花生《らっかせい》、蕎麦《そば》は、製品に記載の義務があるため、それらにアレルギーがある子の場合でも、アレルギー物質が入っていないものを容易に選ぶことができます。

市販の離乳食を活用すれば、残留農薬基準をクリアし、遺伝子組み換え食品でない、塩分過多の心配のない食べ物を、アレルギーがある子にも安心して与えることができます。

思わぬ事故が起きることもある

◎離乳食のレシピ選び、食材選びに時間がかかるうえ、調理中はそちらに意識が集中しがち

◎でも離乳食時期の子どもは人見知りやママの後追いをし、ママじゃないとダメなんです

離乳食の時期は、ちょうど、寝返り、ハイハイ、つかまり立ち、ひとり歩きをし始める時期です。

そのため、離乳食どうしようかとママが悩み集中している間に、気がついたら子どもが瞬間移動していた！　なんてこともよくあります。

それだけでなく、人見知りや後追いの時期ですから、パパやほかの人がいくらあやしても泣き続け、ママの気持ちは焦るばかりです。

「買う離乳食」ならここが解決❺

子どもと向き合える時間が増える

◎ストックしてある離乳食から選んであげるだけなので、「5秒で離乳食」が可能です。抱っこしながらでも準備ができます。

離乳食の食材選びや調理に時間をとられることなく、子どもと過ごすために有効に使うことができます。

子どもと向き合う時間が増えれば、思わぬ事故が起こる危険性はぐっと減ります。

手作り離乳食の問題点❻

がんばるほどにイライラし、むなしくなる

◎精神的なつらさ、肉体的な疲れ

離乳食の時期は、ママの肉体的・精神的負担は一気に増えます。子どもはどんどん成長し重たくなるので、抱っこしているのも大変。出産直後から始まった数時間ごとの授乳やミルクですでに疲弊《ひへい》しているなかで、さらにママはやるべきこと、考えることが一気に増えるので、肉体的にも精神的にも疲れ果ててしまいます。

◎報われないむなしさ

それでも必死の思いで離乳食作りに取り組み、「これなら食べるかも?」と一生懸命に考えて作ったものも、子どもは食べない、お皿《さら》をひっくり返す、

吐きだす。こんなにがんばっているのに報われないって、本当にむなしい気持ちになります。

「買う離乳食」ならここが解決❻

イライラが激減、みんなの笑顔が増える

◎離乳食を作る負担がなくなるだけでも気持ちが楽になり、イライラも激減する

離乳食作りに費やす時間と労力が減ると、体力的にも精神的にも楽になります。子どもが離乳食を食べないという問題は、じつは手作りでも市販でもそんなに変わりません。子どもにしてみれば、はじめて口にするものですから、慣れていない味や感触のため、吐きだしたり、食べなかったり、ぐちゃぐちゃにしたりするんです。

それでも、市販の離乳食ならば「5秒で準備完了」ですから、吐きだされたとしても、心に余裕がもてます。「食べないことがあっても当然だ」と受け入れることができ、「次はほかの離乳食を試してみよう」と前向きに考える

ことができるのです。

◎親子一緒に食べると、子どもはよく食べる

離乳食の準備に時間がかからないので、家族一緒にご飯を食べることができます。そうすると、子どもにだけ離乳食を食べさせていたときよりも、よく食べることがあります。子どもが「親のまねをする」ためです。

多くの育児書が「大人と子どもの食事は別の時間にする」ことを前提に書かれていますが、私はむしろ大人も子どもも同じ時間に食事をすることをおすすめします。

「みんなで食べるとおいしいねー。楽しいねー」

と言いながら食事を楽しみましょう。

◎ママの笑顔が増えると子どもも笑顔になり、栄養の吸収も高まる

ママがいつもニコニコ笑顔でいると子どもも笑顔になり、笑顔で食べると、セロトニンという物質が体内で産生され、そのはたらきにより消化が促《うなが》され、栄養の吸収がよくなります。

◎子どもの気持ちが安定し、よく眠る

笑顔でいることによりセロトニンの分泌《ぶんぴつ》量が増え、すると不安感や恐怖感が少なくなり、精神状態が落ち着いてきます。

また、セロトニンはメラトニンという睡眠を司るホルモンに変わるため、夜ぐっすり寝るようになります。

Column
コラム

ミルクはあげても、離乳食はあげない夫？

最近は「育メンパパ」もかなり増えてきたとはいえ、「育児は母親がやって当たり前」という風潮《ふうちょう》がまだまだ当然のようにあります。

でもママたちは、授乳や離乳食作りだけでもヘトヘトです。そのうえ夫の食事も準備するとなると、気持ち的には「2倍どころか5倍大変！」といった感じです。

そんな苦労など知らないパパたちが、「最近、夕飯手抜きじゃない？」なーんて心ないことを言ったりすると、ママはもう、泣きわめきたくもなります。

日本の小児科医の多くは、「離乳食を作る」という前提でお母さんを指導しますが、私はお母さんの負担をできるだけ軽減するためにも、子どもの安全を守るためにも、子どもに必要な栄養素をしっかりと補《おぎな》うためにも、離乳食を買うことをおすすめしています。

離乳食を吐きだされたとき、手作りだったら「作り方がいけない」「味付けがいけない」と思ってしまうかもしれませんが、市販品なら、「この離乳食がいけない！」とその離乳食のせいにすることだってできちゃいます（笑）。

市販離乳食なら、誰でもあげられます。パパがあげた離乳食を食べたら「私があげてもなかなか食べないのに、パパがあげるとなんで食べるんだろう。すごいねー」と、たとえそれが少しであったとしても褒《ほ》めまくって次につなげましょう（笑）。

おばあちゃんにも、「昔は洗濯を板でしていたのが全自動洗濯機になったように、今は離乳食もできているものをあげるのが最先端なんですって！」と話をして、最先端おばあちゃんとして盛り立てましょう。

どんどん周りを巻き込んで、いろいろと手分けをして育児をしても、それでも子どもと一緒に過ごす時間が余るということはないのですから。

PART 3

子どもに必要な栄養の秘密：鉄と亜鉛とDA

鉄と亜鉛とビタミンD・Aは、成長に欠かせない大事な栄養素

子どもに必要な栄養素を満たすためにも、市販の離乳食をあげたほうがよいと考えています。これを理解していただくために、まず子どもに必要な栄養素にはどういうものがあるのか、どういう食材を食べればそれが満たされるのか、をご説明します。

そもそもなんで「離乳食」が必要なの？

離乳食開始の時期としては、

・首がしっかりすわる
・よだれがよく出る
・スプーンを口に持っていっても舌《した》で押し返すことが少なくなる
・周りの大人が何か食べていると口を動かしてみたり、手を伸《の》ばしたりする

ということがありますが、それよりも大事なのは、

「生後6カ月からは母乳だけでは栄養が足りなくなる時期なので、栄養を補《おぎな》うために離乳食を始める」

ということです。


つまり、これは少なくとも6カ月には始めてほしいということです。だから

といって、生後2～3カ月から始める必要はありません。

なぜなら、子どもの口の発達がともなっていないことが多く、母乳やミルクは飲めても離乳食のようなべったりした性状のものはまだ飲み込むことができないからです。

また消化機能も未発達なため、早すぎる離乳食はおすすめできません。

6カ月以降は母乳だけでは栄養不足になりやすい

この時期の子どもが必要としている栄養量と、母乳から得られる栄養量を比べてみると、6カ月以降は栄養不足になりがちです。

左下のグラフは、12～23カ月までの子どもを対象にしたグラフですが、母乳だけでは栄養不足になりやすいということがよくわかりますよね。

エネルギー・タンパク質・鉄・ビタミンAについては、図を見ていただくと一目瞭然《いちもくりょうぜん》、母乳だけでは十分な量を摂れないということがよくわかると思います。

●月齢12～23カ月児の1日に必要なエネルギー・タンパク質・鉄・ビタミンAを母乳から得られる比率

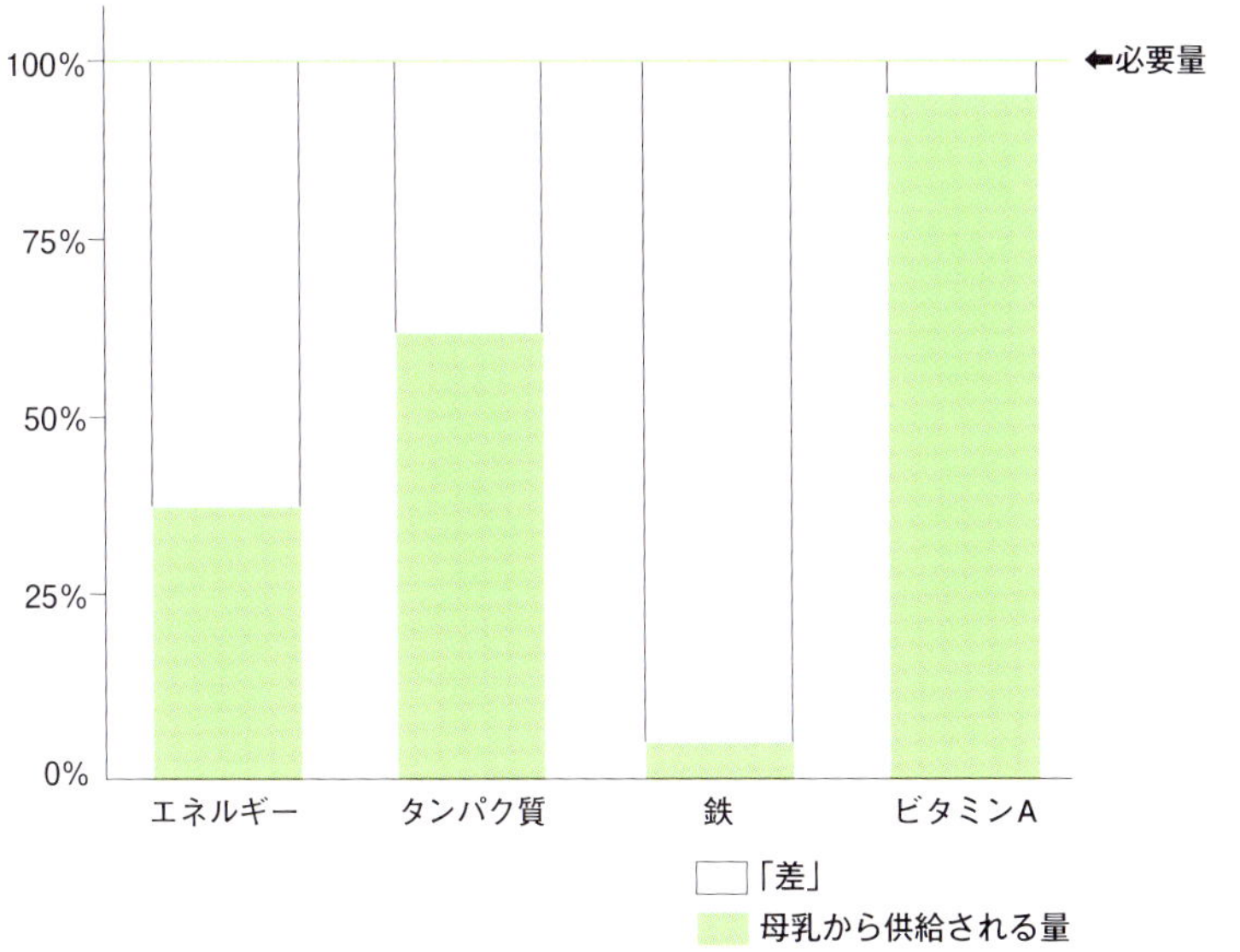

WHO 著・戸谷誠之翻訳監修（2006）『補完食「母乳で育っている子どもの家庭の食事」』日本ラクテーション・コンサルタント協会を参考にして作成

特に不足しがちな栄養は全世界共通：エネルギー・鉄・亜鉛・ビタミンA、そしてビタミンD

「エネルギー」「鉄」「亜鉛《あえん》」「ビタミンA」が子どもの心身の健全な発達に必要な栄養素であるということがWHO（世界保健機関）などで報告されています。

エネルギー

食べ物が豊富な日本でも、エネルギー不足の子は意外と多い

先進国であり、食の豊かな日本でも近年、妊婦さんが必要な栄養素を摂取できていないというケースが少なからずあり、そのため赤ちゃんに必要な栄養が足りず、低体重の子が増えています。

さらに、適切な栄養を摂るための知識や食事習慣が十分に行きわたっていないために、必要な栄養を摂らせなかったり、子どもの肥満《ひまん》を過度に心配し、細い子がかわいいなどというまちがった認識が、子どものエネルギー不足を招く原因となっています。

エネルギーとは、食物から摂る糖質《とうしつ》と脂質《ししつ》です。体を動かすガソリンのようなもので、**量が少なければガス欠になるし、質が悪ければ効率よく動かなくなります**。

つまり、エネルギー不足になると、体重の伸びが悪くなったり、活発に体を動かすことができないため、寝返りやおすわりが遅れたり、なんとなく元気がない子どもになるのです。

下のグラフからわかるように、6カ月頃からは、母乳だけでは十分なエネルギーが得られないので、離乳食でしっかりと補う必要があります。

●エネルギー必要量と母乳から得られる量

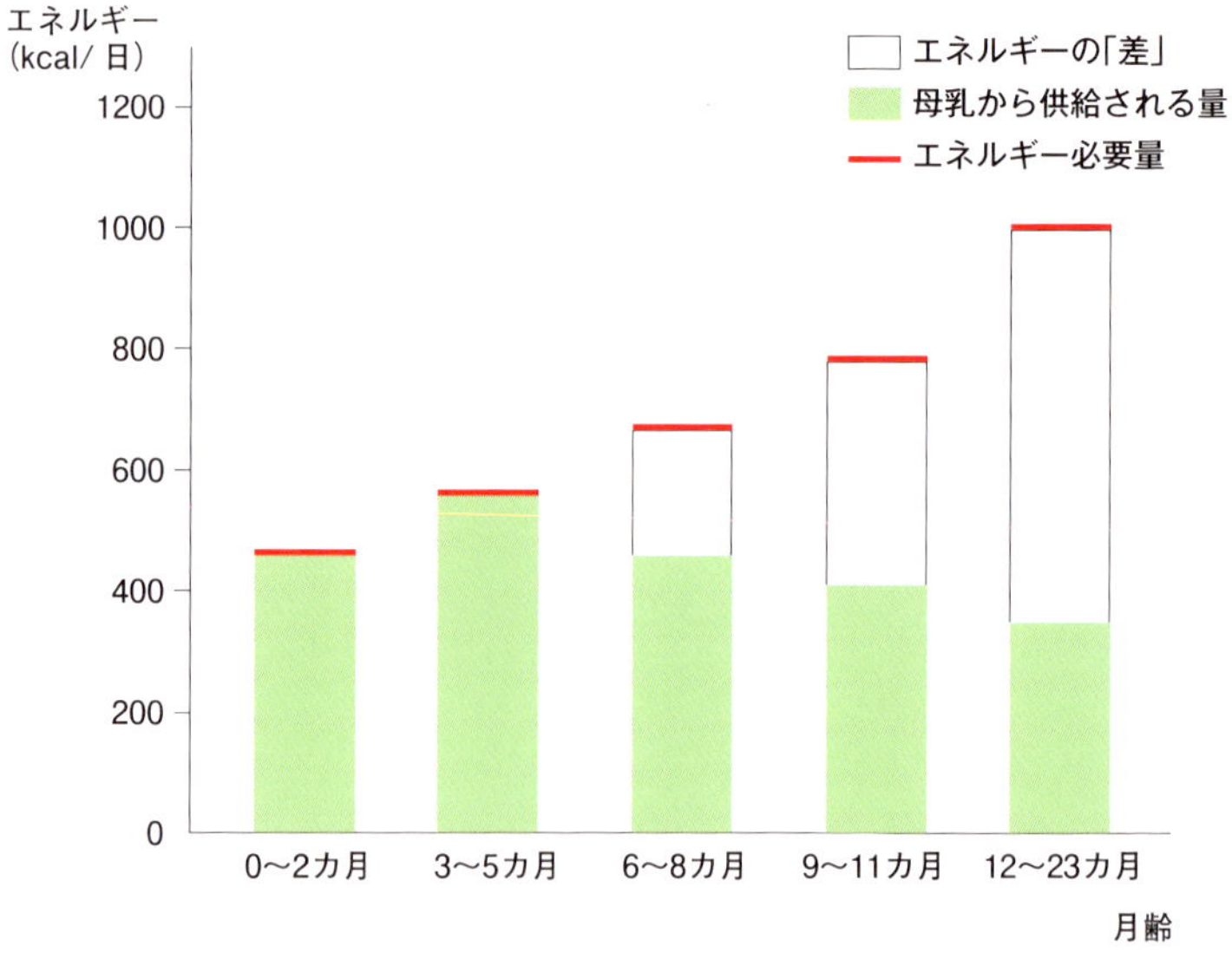

WHO著・戸谷誠之翻訳監修（2006）『補完食「母乳で育っている子どもの家庭の食事」』日本ラクテーション・コンサルタント協会を参考にして作成

鉄

成長・発達のカギとなる大事な鉄:あなたも鉄の使者になって日本を変えよう

とにかくこれだけでもよいからしっかり摂取してほしい大事な栄養素は「鉄」です。大げさなようですが、**「鉄を制するもの、育児を制する」**と言ってもよいくらい、成長に欠かせない大事な栄養素です。

血液中《けつえきちゅう》に赤血球《せっけっきゅう》というものがあります。その赤血球の構成成分のヘモグロビンが、血液中に酸素《さんそ》を取り入れ、体の各組織に運んでいます。このヘモグロビンは鉄によって作られているため、鉄が不足すると体中に酸素が送れない状態（貧血《ひんけつ》）になります。つまり酸欠状態になるのです。そして、

・体が小さい
・ぐずぐずする
・ギャン泣きをする
・じっとおとなしくしていられずに動き回っている
・言葉が遅い
・小さいものをつかむのが下手

という症状が起こります。さらに怖いのは、この状態に長くさらされることによって、学童期になってからも学習能力が低くなったり、運動機能の伸びが悪くなる場合があることです。

ではいつ頃、どうやって鉄が不足してくるのでしょう。

じつは赤ちゃんはみな、お母さんのお腹のなかにいる間に、体に必要な鉄分を十分に蓄《たくわ》えてから誕生します。

しかし、この鉄の蓄えの「貯蔵《ちょぞう》鉄」はしだいに減っていき、6カ月を過ぎる頃にはほぼ使い切ってしまうのです。

鉄は脳《のう》にも神経にも筋肉《きんにく》にも酸素を運ぶのに欠かせない大事なものですから、なんとかして補充《ほじゅう》しないといけません。

母乳にもミルクにも鉄は含《ふく》まれていますが、グラ

●鉄の必要量と母乳から得られる量、
　および出生時の貯蔵鉄の量

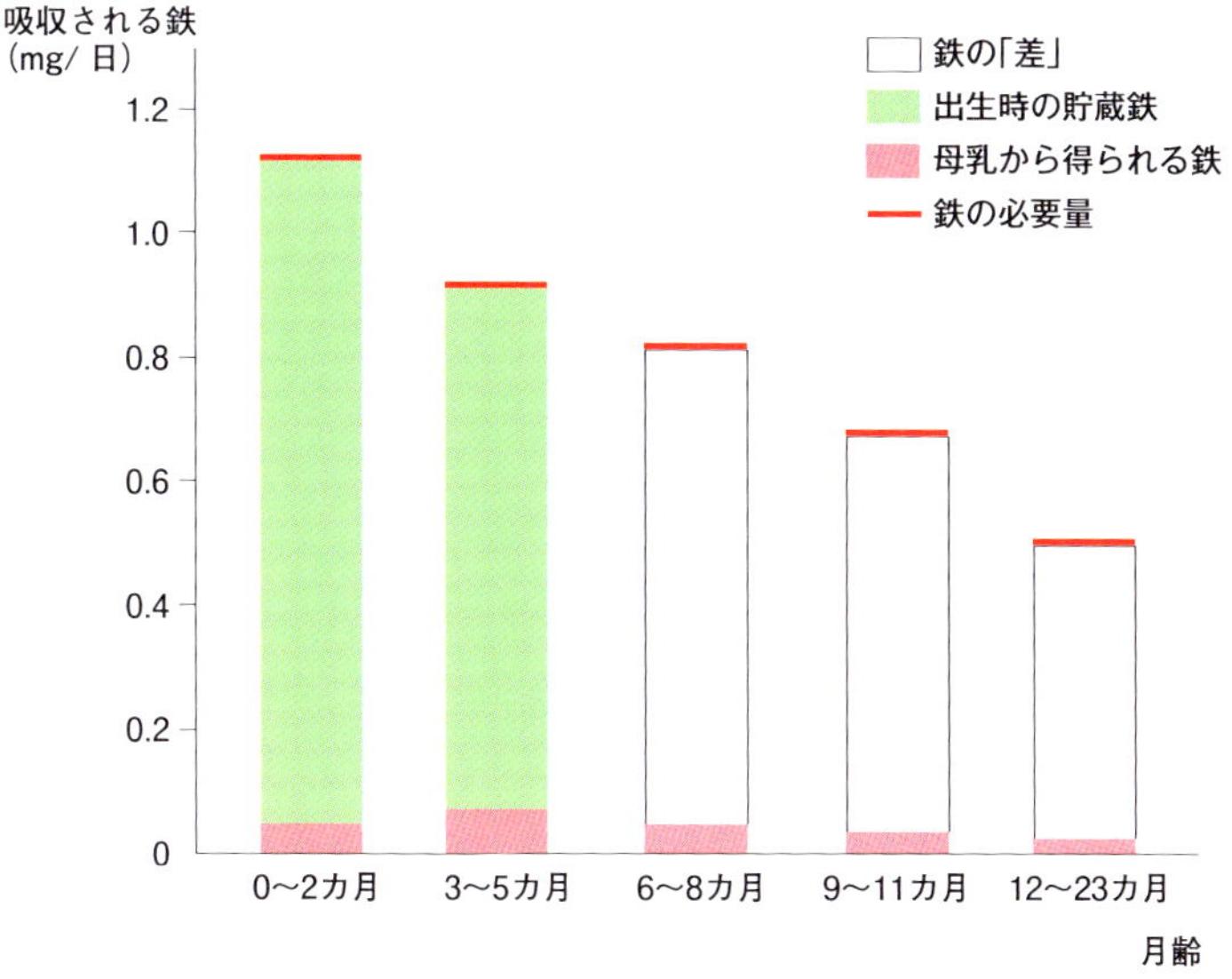

WHO 著・戸谷誠之翻訳監修（2006）『補完食「母乳で育っている子どもの家庭の食事」』日本ラクテーション・コンサルタント協会を参考にして作成

フを見てわかるように、それだけではまったく足りないので、少なくとも生後6カ月から、鉄を含んだ離乳食を食べることが必要です。

6カ月から1歳の子の場合、1日に必要な鉄の摂取量は5㎎とされています。その必要量を摂るために、具体的にどういう食べ物がよいかというと、吸収率の高い鉄を豊富に含む食品として、赤身の肉やレバー、マグロやカツオなどの魚があげられます。

吸収率は多少落ちますが、小松菜やエゴマ、お豆腐《とうふ》などにも鉄が含まれています。

離乳食時期の子どもはたくさんの量が食べられないため、吸収率の高いもので効率よく摂る方法をおすすめします。

ただ、赤身の肉類、レバー、マグロやカツオなどの魚を、手作りの離乳食で食べさせるには、前述したように衛生面に細心の気配りをしないといけませんし、がんばって調理してもボソボソした食感になりがちなので、なかなか食べてもらえません。

◎成長段階での鉄不足は、補充されても成長後に発育の遅れとして現れる

そこでおすすめなのが、鉄が含まれる市販の離乳食を使うことです。
そうした離乳食には大きく分けて2種類あります。

・赤身の肉類、レバー、マグロやカツオを使った離乳食

日本の離乳食に多い、対象が9カ月以降になっている

・鉄剤を添加した離乳食

海外の離乳食に多い、対象は4カ月以降になっているものもある

一つめの、鉄が多く含まれる食材を使用している市販の離乳食は、衛生面も問題なく、また管理栄養士の方が考えているため、子どもが食べやすいような味付け、形状にしてあります。

そして、これは日本の市販の離乳食の場合ですが、「鉄不足に注意するのは9カ月以降」という方針が国によってなされていたため、残念なことに対象が9カ月以降になっています。

しかし、**生後6カ月頃には貯蔵鉄をほぼ使い切っている状態ですし、9カ月頃には鉄の蓄えはすっからかんで、なかにはすでに鉄が欠乏状態の子どももいるのです。**

9～10カ月健診の際の診察で、顔が青白いことから鉄欠乏性貧血に気がつくこともあります。しかしこの状態から鉄を補充し始めても、鉄はなかなか増えません。鉄を積極的に摂取しても、満足に補充されるまでには3カ月ほどかかります。そうなると、子どもの発達にとても重要である時期の6カ月から1歳まで、鉄が不足した状態で過ごさないといけなくなります。

これは、2019年に10数年ぶりに改定された厚労省の「授乳と離乳の支援ガイド」で、やっと母乳育児の場合の生後6カ月からの鉄欠乏の危険性について記載されるようになりました。

海外では以前から鉄摂取の重大性が知られていて、積極的に鉄を摂るよう指導をしています。鉄の摂取が子どもの発達に欠かせないという研究結果が、すでにたくさん報告されているからでしょう。

離乳食開始から鉄を含むものを食べさせましょうという指導は各国でされており、生後9カ月まで鉄の指導をしていなかった国は、日本だけと言っても過言ではありません。

すっからかんの状態から補充しても遅いのです。

鉄不足の恐ろしいところは、成長発達に欠かせない時期に鉄が欠乏状態にあることで、その後、鉄欠乏が解消されても、大きくなったときに学習能力や言葉の発達、運動機能の発達が遅れることがあるという点です。

でも、日本の離乳食指導では「9カ月以降」になっているし、市販品もない、という問題点があります。なので、今の私たちにできる手段は、**「9カ月以降を対象とした製品でも、子どもが食べられるなら食べさせる」**、もしくは**「鉄が添加されている海外の離乳食を使用する」**ということです。

形がゆるめで食べやすく作られている市販品に、森永の「大満足ごはん　おすすめ！お肉お魚メニュー」と「大満足ごはん　おすすめ！お野菜メニュー」のシリーズがあります。

これを一食食べれば、1日に必要な鉄分の3分の1を摂取することができます。加えてカルシウムも含まれているので、成長にはバッチリです。形もゆるめに作られているので、表示は「9カ月頃から」となっていますが、7カ月頃の子でも食べられるかもしれません。

◎鉄剤が添加されている海外の離乳食を上手に活用しよう

鉄が添加されている海外の離乳食についてもお話ししておきましょう。

離乳食を始めるとき、最初はまず、おかゆですよね。それは日本だけでなく、海外の多くの国でもそうなのですが、その理由は、お米はアレルギーを起こしにくいと考えられているからです。

海外でよく見られる「おかゆ」は、お米を炊いたものではなく、お米を粉状にしたもので、「rice cereal」(シリアル)と表記されています。

また、お米だけでなく雑穀米を使用したもの（multigrain cereal）や、麦《むぎ》（oat meal cereal）を使用しているものもあります。

そして鉄だけでなく、脳の発達や記憶力・集中力を高めるうえで重要なＤＨＡや、腸内環境を整えるプロバイオティクスが含まれているものまであります。

代表的なものに、アメリカなどでよく食べられている「シリアル」があります。「cereal」「babyfood」で検

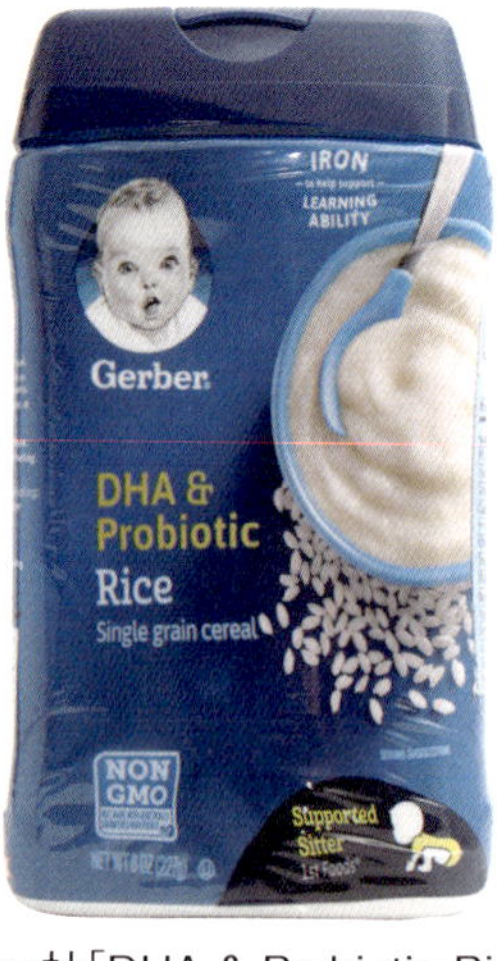

▲海外のシリアルGerber社「DHA & Probiotic Rice single grain cereal」

索すると、いろいろ売られています。

シリアルの使い方はいたって簡単で、粉状のシリアルに母乳かそのとき使っているミルクを足して、混ぜるだけです。**1回量15g（20㎖くらい）で1日に必要な鉄分の45%を摂取することができます。**2回あげれば、1日に必要な鉄がほぼ満たされます。

これらのことを考えると、離乳食を開始したら、まずこの**ライスシリアルを食べさせ、日本の離乳食と併用《へいよう》することがベスト**だと思います。この方法なら、鉄が途切れることなく補充され続けます。

そしてライスシリアルだけでなく、オーツシリアルやキヌア入りのもの、マルチグレインシリアルなども使用するとよりよいでしょう。

亜鉛

体の発育、免疫の維持、味覚に欠かせない亜鉛

亜鉛は、体を作るタンパク質の吸収を助けたり、病気から体を守るための免《めん》疫《えき》機能を維持するはたらきがあります。また皮膚《ひふ》、髪の毛、舌の上皮細胞は亜鉛が豊富であり、舌の味覚を司る味蕾《みらい》という箇所では高濃度です。

亜鉛が不足すると、

・背が伸びず低身長になったり体重が伸びない
・免疫力が低下し、風邪《かぜ》などの病気にかかりやすくなる（特に下痢《げり》症状）
・皮膚炎《えん》やしっしん、傷が治りにくくなるなどのトラブルを起こしやすくなる
・毛が抜ける、毛が薄い
・味覚障害

といった症状が出ることがあります。

亜鉛が含まれた食事を摂らないと、亜鉛が欠乏してきて、味覚障害を起こし、食べ物を食べなくなる。そうなると亜鉛欠乏状態が続き、味覚は治らない、という悪循環《あくじゅんかん》を起こします。

ですから、**おいしいものをおいしく食べるためにも、好き嫌いを少なくするためにも、亜鉛を最初から与えることが必要なのです。**

亜鉛も鉄と同様に、乳児期の亜鉛欠乏状態がその後の学童期の自閉傾向と関連性があると考えられている、という報告もあります。

亜鉛を豊富に含む食品として、よく知られているのが、カキです。

でもカキは食中毒の原因にもなりやすく、衛生面からも、使いやすさからも、離乳食に使うのによい食材とは言えないですね。

では、離乳食に適している、亜鉛を多く含む食材にはどのようなものがあるのでしょう。

牛肉、豚肉、レバー、卵黄、シラス、サバ、イワシ、大豆、ごまなどがあります。

市販の離乳食を用いて亜鉛を摂取するには、いくつかの方法があります。

◎亜鉛が使われている離乳食を買う

ただし、日本では鉄の場合と同様に、9カ月以降を対象にしているものが多いようです。

◯ライスシリアルを使用する

ライスシリアル1回量に、1日に必要な亜鉛量の20%が含まれています。

離乳食と併用して、母乳やミルクも飲むのですが、じつはこの**母乳中の亜鉛が少ないために亜鉛欠乏症状を起こすことがあります**。

母乳中の亜鉛はママの食生活に左右されるため、妊娠期から授乳期にかけては、ママは意識して亜鉛を摂取するようにしましょう。容量を守れば亜鉛サプリメントでもよいです。子どもだけでなく、ママの栄養も大事なのです。

加えて言うと、赤ちゃんに蓄えられる亜鉛は妊娠後期(30週以降)に急激に増えるため、早く生まれた赤ちゃんの場合、亜鉛の蓄えが少ない状態にあるので、さらに気をつけなければいけません。

ビタミンA

ビタミンAは目の健康や視力の決め手

ビタミンAは目の色素や光を感じる細胞などを作るうえで欠かせない栄養素で、視覚の大事な機能を担っています。また、ビタミンAは骨や皮膚の発育にもかかわり、体の粘膜《ねんまく》の維持にも欠かせないもので、体の抵抗力を高めたり、傷やケガからの回復に関与するなど、大切な役割を果たしています。

したがってビタミンAが不足すると、次のような症状が出てきます。

・ドライアイ
・まぶしく感じる
・夜、目が見えにくい（夜盲症《やもうしょう》）
・風邪をひきやすい

・感染症《かんせんしょう》が重症化しやすい

欠乏状態が長く続くと、最終的には失明したり、感染症から亡くなったりすることがあり、世界では、年間25～50万人の子どもたちが失明し、さらにその半分の子は失明した1年後に亡くなっていると推定されています。

ビタミンAが多く含まれている離乳食の食材として、次のものがあります。

・卵黄、肉やレバー
・黄色い果物、野菜（マンゴーやパパイヤ、ニンジン、カボチャ、サツマイモなど）

マンゴーは日本では離乳食として使われることは少ないのですが、海外では離乳食開始時期に最初にあげるフルーツの一つとしてポピュラーです。ビタミンAだけでなくビタミンCも豊富で、栄養価の高い食材なのです。

ウナギにもビタミンAは豊富ですが、小骨が多いので離乳食には適していないでしょう。肉やレバーを使っている市販離乳食を使用し、あとは、ニンジン、カボチャ、サツマイモなどが使われている離乳食も数多くあるので、それらを使用するようにしてください。

ビタミンAは脂溶性《しようせい》ビタミンなので、体内に蓄積しやすいことが特長です。その反面、大量に摂取すると害があるとされていますが、通常のバランスのよい食事で過剰摂取となることはまずないので、心配いりません。

たとえば、10日、20日、30日はレバーの日にするなど、過剰摂取に気をつけつつ、食べなくならないように、決めておくとよいかもしれません。

ビタミンD

近年世界で問題になっているもうひとつのビタミン不足：ビタミンD

みなさん、「くる病」って聞いたことありますか?

簡単に言えば、骨《ほね》が作れなくなる病気です。骨を作るには、みなさんご存じの「カルシウム」が必要ですが、それを体に取り込むのが「ビタミンD」です。

近年、その**ビタミンDが不足することにより、骨が作れなくなる人が世界中で増えてきています。**そしてそのビタミンDが不足する原因として多いのが、

・摂取不足

・日光浴不足

です。

摂取不足というのは、先ほどから何度かお話ししているように、まちがった食事制限やアレルギー対策、やせ願望により、体に必要な分が十分に摂れていないということです。

ビタミンDが多く含まれる離乳食時期の食材として、シラス、サケ、卵黄などがあります。

またビタミンDは紫外線《しがいせん》に当たることで皮膚で合成されるので、日光浴も必要になります。外に出て日焼け止めクリームをぬらずに陽の光に当たりましょう。窓越しでは必要な紫外線がさえぎられてしまうので意味がありません。

まとめ

覚えてもらいたい栄養素：エネルギーと鉄と亜鉛、そしてビタミンDA!!

大切な栄養素はあれこれたくさんあります。言い始めたらきりがありません。でもそれら全部を考えながら離乳食を用意するのは容易ではありません。

子どもたちの心身ともに健康な発達のために、**「エネルギー、鉄と亜鉛だ（DA）!!」**とこれだけ覚えてください。

これさえ押さえていれば、ほかの栄養素も自然と満たされていくのでだいじょうぶです！

冬に恋した孫にごはん

ではこの「エネルギー、鉄と亜鉛ＤＡ」を満たす食材はどう覚えればいいのでしょうか。

ふ	**フルーツ**	マンゴー、柿《かき》、スイカ、パパイヤなど	ビタミンＡ、鉄の吸収を助けるビタミンＣ
ゆ	**油**	オリーブオイル、バターなど	エネルギーの補充、ビタミンＡ
に	**肉**	牛肉、豚肉、鶏肉、レバー	鉄、亜鉛、ビタミンＡ
こい	**色の濃い緑黄色野菜**	ホウレンソウ・小松菜・ニンジン・カボチャなど	ビタミンＡ

し	シラス・サケ	小魚、丸ごと食べられる魚のシラス、赤っぽい魚のマグロやカツオ、サケ	鉄、亜鉛、ビタミンA、ビタミンD、ビタミンDの吸収に必要なカルシウム
た	卵	鶏卵、うずら卵	亜鉛、ビタミンA、ビタミンD
ま	豆	小豆、空豆、エンドウ、大豆など	鉄、亜鉛
ご	ごま	ごま、ナッツ類	亜鉛
に	乳製品	ミルク、バター、チーズ、ヨーグルト	ビタミンDの吸収に必要なカルシウム
ごはん	ごはん	主食の米、うどん、パンなど	エネルギー

これも「**冬《ふゆ》に恋《こい》した、孫《まご》にごはん**」と語呂合わせで覚えれば、簡単です。

これは、離乳食時期だけでなく、幼児食や普通食に進んでからも使える便利な言葉です。

離乳食を買うときは、製品ラベルをよく見てチェックしましょう。

食材が書いてあるものはその内容を、また、海外製品であれば、鉄（Fe）、亜鉛（Zincもしくは Zn）、ビタミンA・D（Vitamin A, Vitamin D）の含有《がんゆう》量《りょう》を見ながら、選ぶようにするとよいでしょう。

市販の離乳食はすでにバランスよく作られているので、心配する必要はありません。心がけていただきたいのは、メインになる肉、魚、卵、豆腐や豆製品を使って作られている離乳食をまんべんなく購入する、という程度です。

そして、それらを順ぐりにあげていけばよいのです。

ただし、ごまを使っていない離乳食もあるので、すりごまひとつかみ分を市販のものに散らすとか、たとえば「今日は乳製品を食べなかったなあ」と思ったときは、おやつにチーズをあげるなど、ひととおり食べられるように少し工夫してみてもよいかもしれませんね。

子どものご飯の栄養バランスを考えるのは大変ですが、離乳食を卒業したあとも、1日ですべてを満たそうとせず、だいたい3日くらいでなんとなく「冬に恋した、孫にごはん」の食材が満たされていればだいじょうぶです。

あの子は
ふゆが好きで
そうですね
ふゆにこいした
まごにごはん

Column
コラム

海外の離乳食売り場は花盛り

私は夫の仕事の関係で、息子を海外で出産することになりました。生後4カ月の健診に小児科を訪れると、先生から、「そろそろ離乳食を始めてくださいね」と言われました。

アメリカではどんな離乳食を作って食べさせているのだろうと思って聞いてみると、「まずはライスシリアルを買って食べさせるといいね」という意外な返事でした。

「え？　離乳食って買うのですか？」と驚いて聞き返すと、逆に先生が驚いて、「アメリカでは、みんな買っていますよ！」と言います。

さっそく近所のスーパーマーケットのベビーコーナーに行ってみると、またまたビックリでした。

瓶詰《びんづめ》、レトルトタイプ、カップタイプ、ピューレタイプなど多種多様な離乳食が、ところせましと陳列《ちんれつ》してあるのです。数えきれないくらい種類があり、おやつもたくさん置いてあるではありませんか！

しかも、無農薬やオーガニック、遺伝子組み換え不使用など、健康に配慮されており、日本の子どもが欠乏しがちな鉄や亜鉛など、発達に必要な栄養素が加え

▲アメリカのスーパーマーケットの離乳食売場（写真提供:Tahlia Butler）

られているものもたくさんあるのです。

これはぜひ活用してみよう。そう思って実際に取り入れてみると、娘のときにはあれほど大変だった離乳食作りの負担が激減し、ストレスやイライラもなく離乳食をあげることができたのです。子どもと過ごす時間も増え、育児に余裕がでてきました。あの悪夢の離乳食タイムが、笑顔の離乳食タイムに変わったのです。

「これはほかのお母さんにも絶対に教えなければならない」ということが、小児科医としての私の使命となりました。

PART 4

買う離乳食の選び方・使い方

「買う離乳食」なら、あら、こんなに簡単！あら、こんなに便利！

ここまでお読みいただいた方は、

「離乳食は作らなくてもいいんです！」

ということがおわかりいただけたかと思います。

それでは、「さっそく、さあ離乳食を買ってみましょう！」と言っても、どれをどう選んでどう使っていけばよいか迷うかもしれません。

そこで、市販の離乳食のご紹介と、選び方、使い方についてご説明したいと思います。

まず、離乳食の種類は大きく分けて2タイプがあり、**「そのまま食べられるもの」**と**「ミルクや水を加えて食べるもの」**といううちがいがあります。

また、「容器の形」によっても使い方がちがいます。

◎そのまま食べられるもの

ガラス・プラスチック・レトルトパウチの容器に入っていて、スプーンなどで取り出せばそのまま食べられます。

「開封後24時間以内」もしくは「48時間以内」に使い切ればよいと記載されていることが多いようです。

製品によって保存可能期間は少し異なるものの、基本的に、一度開けたら1日以内に食べ切らないといけませんが、清潔なスプーンを用意し、使いたい分だけ取った後は、きちんとフタをして冷蔵庫で保管すれば、2~3回に分けて食べることができます。

キャップが付いているタイプのパウチ容器はとても便利です。キャップから直接スプーンに注ぐことができ、使い切れなかった分は、キャップをして保管ができます。

海外では、パウチ容器の口に取り付けられるスプーンまで販売されています。

離乳食の容器

ガラス容器　　プラスチック容器　　レトルトパウチ容器

▲海外の離乳食の容器。パウチ容器（左）、プラスチック容器（右）

◎母乳、ミルクや水を加えて食べるもの

99ページで紹介した「ライスシリアル」などの粉状のもの、またはフレーク状、フリーズドライの食材をキューブ状に固めたものなどが、ビニールやパックの容器に入っています。

いずれも母乳、ミルク、水といった液体を加えて、溶かして使います。水分量により食材の硬さを調節でき、特に、食材が粉やフレーク状になっているものは硬さを調整しやすいので便利です。

長期保存ができるという点も便利ですね。

使い切れなくて余ったとしても、大人用に味を付け加えたりスープにしたりして、おいしくいただくことができます。

母乳やミルク・水を加えて使う離乳食

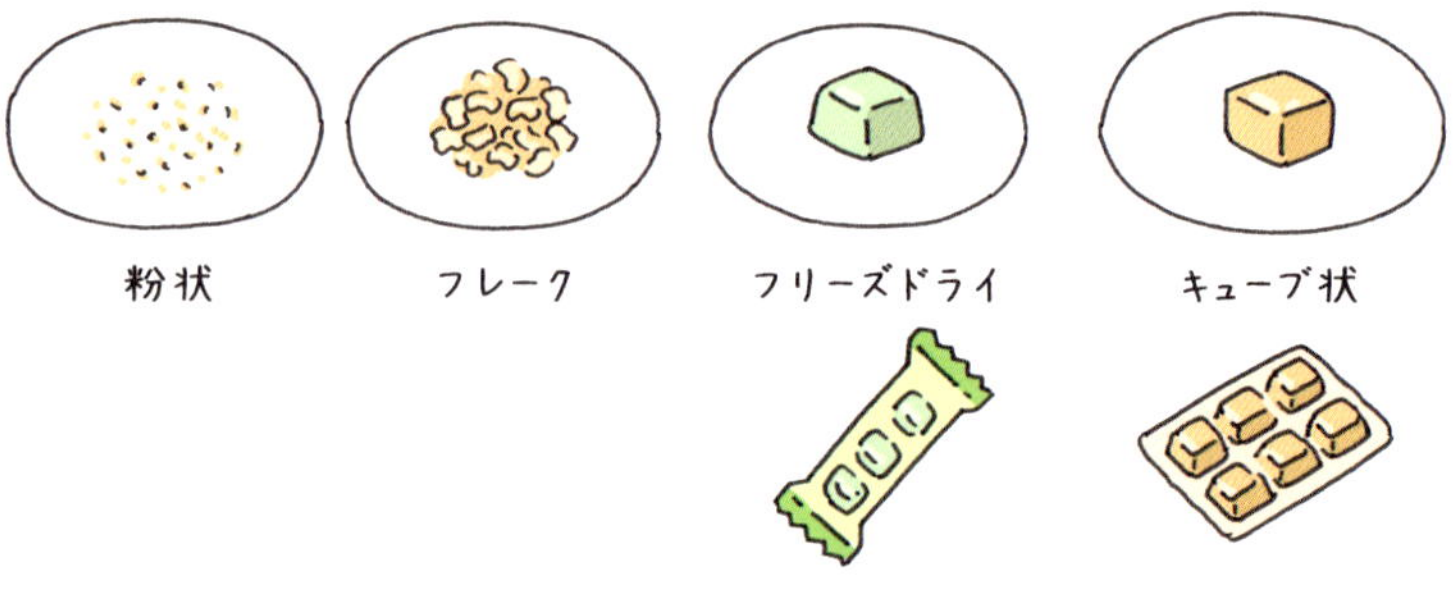

小児科医ママがすすめる「買う離乳食」の3ステップ

離乳食を始めるときに確認すべきことは、
・首がしっかりすわっているか
・周りで人が何か食べているとき、その姿をじっと見て興味を示しているか
・口に手を入れたり、よだれを垂《た》らしたりして、自分も食べたそうにしているか

これらを確かめたうえで、子どもが元気で機嫌のよさそうなタイミングを見はからって、離乳食を始めましょう。おおよその月齢《げつれい》の目安としては、個人

差もありますが、生後4カ月後半～6カ月の間で、遅くても6カ月までには始めましょう。

手作りで離乳食を進めていく場合、何が大変かというと、食材の種類の増やし方と、食材の性状（ドロドロ、硬さ具合）、栄養バランス、衛生面での安全性、これらすべてを考えながら進めていかなければならないことです。

でも、**買う離乳食ならば、食材の種類の増やし方と栄養バランスにちょっと気をつけるだけでＯＫ**です。

「子どもによってペースはちがうけれど、だんだんと大人と同じような食事を食べるようになっていく」というのが、離乳食から通常の食事へ移行していくイメージです。

離乳食の進め方には大きく分けて3ステップあります。

ステップ1：シリアルからスタートし、はじめての食材を1種類ずつあげる
ステップ2：ステップ1をひととおりクリアしたら、食べる種類を増やす
ステップ3：離乳食に加えて、大人の食事を少しずつあげる

ステップ1
離乳食開始！シリアルからスタートし、はじめての食材を1種類ずつあげる

★1週目

ライスシリアル（離乳食開始が6カ月未満の場合は、ライスシリアルからスタートすることをおすすめします）

オートミールシリアル（6カ月以降であれば消化機能も発達しているので、こちらもＯＫ）

朝と昼に一口だけ。7日間かけて、だんだん増やしていきます。時間や回数もあまりかた苦しく考えずに、生活リズムに合わせた朝と昼くらいの気持ちで始めましょう。

シリアルは母乳かミルクで溶いてドロドロにします。最初の一口は、だいたい大さじ1～2くらいの量が目安です。だんだん食べる量を増やしていきますが、予想以上に食べるようになったというときに、シリアルならばすぐに追加分を作れるので便利です。

日本にはライスシリアルやオートミールのシリアル離乳食がないため、海外製品から選ぶしかありません。

アメリカ最大手のGerber（親会社はネスレ株式会社）という離乳食会社のものは、鉄や亜鉛《あえん》、ビタミンA、ビタミンDなど、子どもの体の発育だけでなく、脳《のう》の成長発達にも欠かせない大切な栄養素が十分に含まれている製品があります。

遺伝子組み換えでなく（nonGMO）、防腐剤《ぼうふざい》なし（no preservatives）、人工甘味料なし（no artificial flavor, no artificial sweeteners）の製品で

▲ミルクと混ぜたライスシリアル

あり、安心安全に与えることができます。また、脳の発育を促《うなが》すDHAや腸内《ちょうない》環境を整えるプロバイオティクスが含まれている製品も選ぶことができます。

ただ、海外のライスシリアルやオートミールシリアルであっても、鉄が添加《てんか》されていないものもあるため、Gerber社のように鉄が添加されているものを選ぶことをおすすめします。

★2週目以降

ステップ1の第2週目では、シリアルに加えて、野菜や果物など、はじめて口にする食材を1種類ずつあげてください。

1回に子ども用スプーン2‐3口から始めて、アレルギーがなさそうなら毎回少しずつ食べる量を増やしていきます。

食べられる量はごく少ないので、使う分だけあらかじめ取り分ける、また、使う分だけ作るようにするとムダが省けます。

使わなかった分は24時間以内に使い切ってください。使い切れなかったものは捨てるか、または、大人がおいしくいただくようにしましょう。

離乳食開始から1カ月経って食べられそうなら、1日3回にしてもよいです。

朝　シリアル＋はじめての食材を1種類ずつ試す

昼　シリアル＋これまで食べてOKな単一食材

夕　これまで食べてOKな単一食材

市販の離乳食には、単一食材（食材が1種類だけ使われているもの）と、複数食材（いくつかの食材が使われているもの）の2種類があります。

単一食材のものを選ぶときは、「5カ月から」「1st Food」「Stage1」と表記されているもののなかから、食材が1種類だけ使用されているものを選ぶようにしてください。

複数食材のものは、「2nd Food」「Stage2」と記載され、使われている食材がいくつか表記されています。

さらに使用食材が増えると、「3rd Food」「Stage3」と数字が上がっていきます。

3〜4日続けて同じものを食べさせてみて、口の周りが真っ赤になる、嘔《おう》吐《と》する、しっしんができる、などアレルギーを疑わせる症状がなければ、次の食材へと進めていってください。

アレルギーかどうか判断に困った場合は、症状の出た箇所を写真に撮って小児科へ持参し、医師の診断を仰いでください。

●市販離乳食「ステップ1」の単一食材使用例

キユーピーベビーフード
「りんご(5カ月頃から)」

キユーピーベビーフード
「北海道産コーン(5カ月頃から)」

野菜フレークの大望
左から、「かぼちゃフレーク」「にんじんフレーク」「とうもろこしフレーク」「じゃがいもフレーク」

Gerber社の「1st Foods」
左から、「エンドウ豆」「ニンジン」「リンゴ」「ピーチ」

(例)

離乳食スタート!

チェック

- 首すわりOK ☐
- よだれOK ☐
- 興味OK ☐
- 4ヵ月後半〜6ヵ月OK ☐

Step1

1週目

- ライスシリアル
- オートミールシリアル(6ヵ月以上)

1回15gを大さじ4-5の母乳かミルクでドロドロにする

朝

シリアル
子ども用スプーンで
2-3口

昼

シリアル
子ども用スプーンで
2-3口

2-3口から少量ずつ量を増やす

×7日間

2週目

・はじめての離乳食
・1st Food
・Stage1
→ 単一食材

1回子ども用スプーンで2-3口から始めて
アレルギーがなさそうなら毎回少しずつ
食べる量を増やしていく

（例） 朝　　昼

×3-4日間　　カボチャOK！

朝	昼	
シリアル + ニンジン	シリアル + カボチャ	×3-4日間ニンジンOK
シリアル + サツマイモ	シリアル + カボチャ、ニンジンからえらぶ	×3-4日間サツマイモOK
シリアル + 豆	シリアル + カボチャ、ニンジン、サツマイモからえらぶ	×3-4日間豆OK
シリアル + グリンピース	シリアル + カボチャ、ニンジン、サツマイモ、豆からえらぶ	×3-4日間グリンピースOK
シリアル + プルーン	シリアル + カボチャ、ニンジン、サツマイモ、豆、グリンピースからえらぶ	×3-4日間プルーンOK
シリアル + リンゴ	シリアル + カボチャ、ニンジン、サツマイモ、豆、グリンピース、プルーンからえらぶ	×3-4日間リンゴOK

離乳食開始から1ヵ月経って食べられそうなら
1日3回にしても!

今まで食べてOKだったもの
を組み合わせたものでも可

このようにひたすら1食ずつクリアしていく

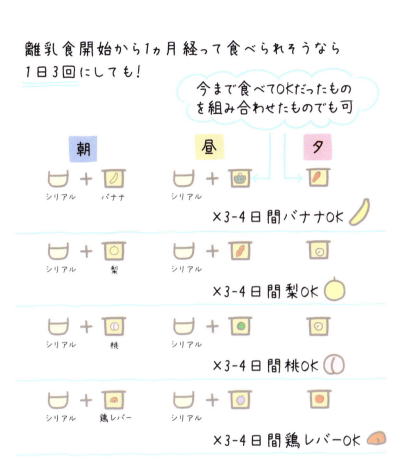

ステップ2

食べる種類を増やす。単一食材をクリアしたら複数食材のものへ

単一食材を10種類くらいクリアしたら、複数食材のものへと進めていきます。
具体的には、次のようになります。

・シリアルは1日2回続ける（1回15g）
・シリアルに加え、複数食材の離乳食をあげる
・今まで食べたことのある食材を組み合わせたものならば、いつ食べてもOK
・はじめての食材がある場合は、アレルギー症状が出たらすぐに病院に行けるように、朝か昼にあげる
・牛肉、サケ、マグロなど、はじめての食材が含まれているときは、単一食

材のときと同様に、3～4日続けてあげてみて問題がないか確認してください

・1食に1パックの離乳食だけで足りなければ、2パック食べても問題ありません

・朝昼同じ、もしくは朝夕同じ離乳食パックを続けてあげても問題ありません。清潔なスプーンで取り分け、保管しておくほうに唾《だ》液が入らないようにしてあれば、24時間以内は使えます

まんべんなく栄養を摂るうえでおすすめの方法は、「2nd Food」「Stage2」「7カ月以降」と書いてある離乳食をまとめて購入し、フルーツ、肉、（濃い）野菜、魚、豆類などをうまく組み合わせてあげることです。

「5カ月以降」と記載してある日本製のものをあげてもよいのですが、ものによっては性状がサラサラすぎるものもあるかもしれません。

「9カ月以降」と記載してあるものには鉄を意識して作っているものが多いので、9カ月以前の子であっても、食べることができるようであればあげて問題ありません。具材が大きければ、フォークでつぶしてあげるとよいでしょう。

◎アレルギーが多い食材の開始について：卵と乳製品、小麦

単一食材を10種類くらいクリアしステップ2になったら、卵や乳製品なども始めてみましょう。

●卵

朝、もしくは昼、体調がよく機嫌もよいときに、卵は固ゆでした黄身を黄身の中心部から耳かき1杯分から始めてみてください。残念ながら市販のゆで卵はないため、おうちでゆでるしかありません。

●市販離乳食「ステップ2」の複数食材使用例

キユーピーベビーフード
ハッピーレシピ
「ささみと野菜リゾット(7カ月頃から)」

キユーピーベビーフード
「ももとりんごのジュレ
(7カ月頃から)」

森永乳業 大満足ごはん
「鮪とほうれん草の
トマトクリームドリア
(9カ月頃から)」

森永乳業 大満足ごはん
「しらすとごぼうの豆ごはん
(9カ月頃から)」

森永乳業 大満足ごはん
「鶏肉と6種野菜の
炊き込みごはん
(9カ月頃から)」

味千汐路
Ofukuro有機まるごとベビーフード
「小松菜と人参のお粥
(中期7カ月頃から)」

Beans Baby Orgente
(オーガニックベビーフード)
「鯛と水菜おじやタイプ」

Step2

- 7ヵ月以降
- 2nd Food
- Stage 2

etcの「複数食材」

- はじめての食材が入っているときは「朝」「昼」にあげる
- 1パックで足りなそうであれば2パックにする
- フルーツ 肉 濃い野菜 魚 豆 をバランスよくあげる
- はじめての食材は、3-4日続けてあげてみて、問題がないか確認してください

朝	昼	夕
(例) シリアル + フルーツ+野菜	シリアル + 肉+野菜	フルーツ+野菜
(例) シリアル + フルーツ+野菜	シリアル + 野菜+野菜	シリアル + 野菜+豆
(例) シリアル + フルーツ+野菜+豆	シリアル + 魚+野菜	フルーツ+野菜

いろいろな組み合わせが可能

卵にTRY!

固ゆで卵黄を用意（ゆで時間15-20分）
（余りはパパ、ママがおいしくいただく）

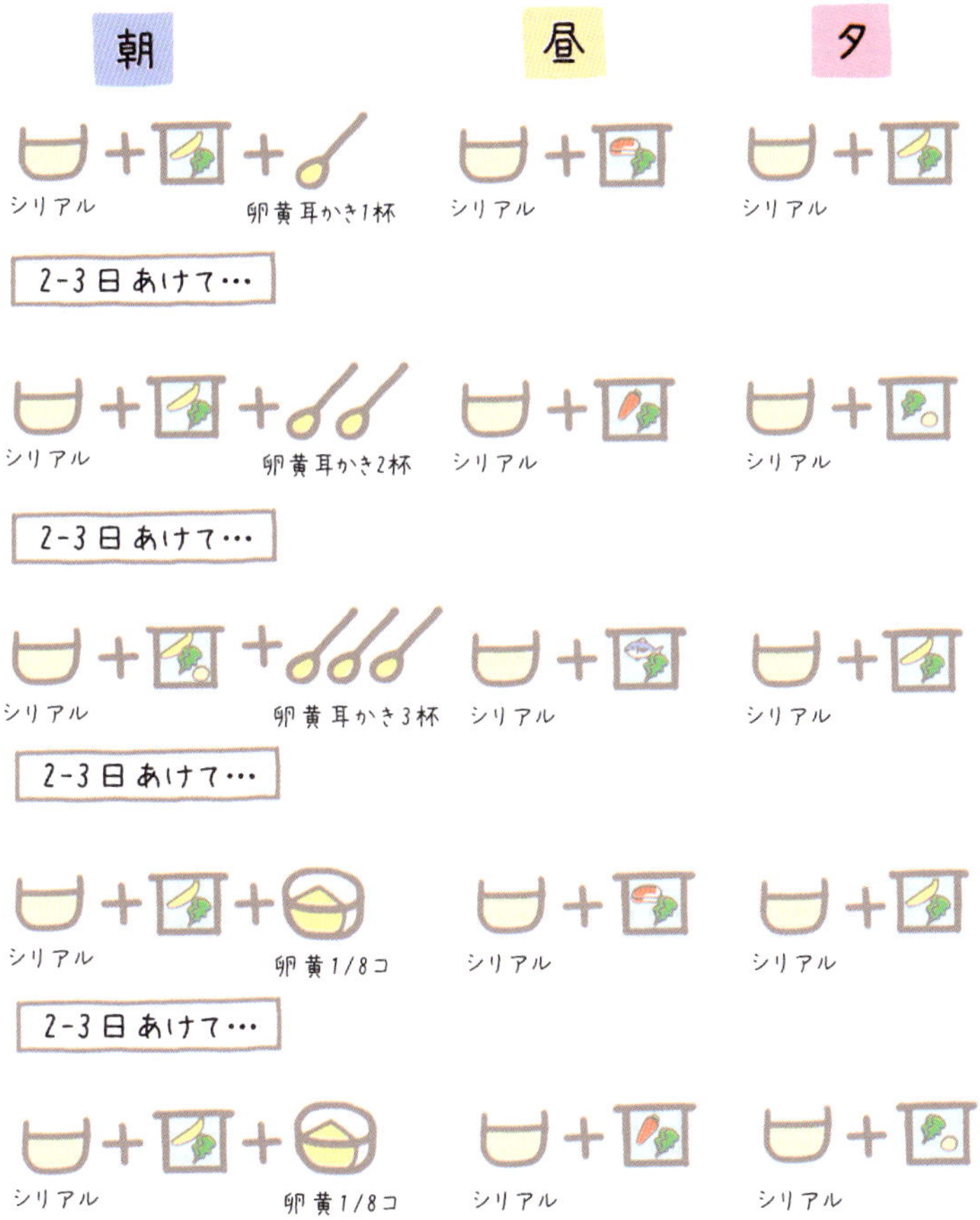

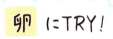

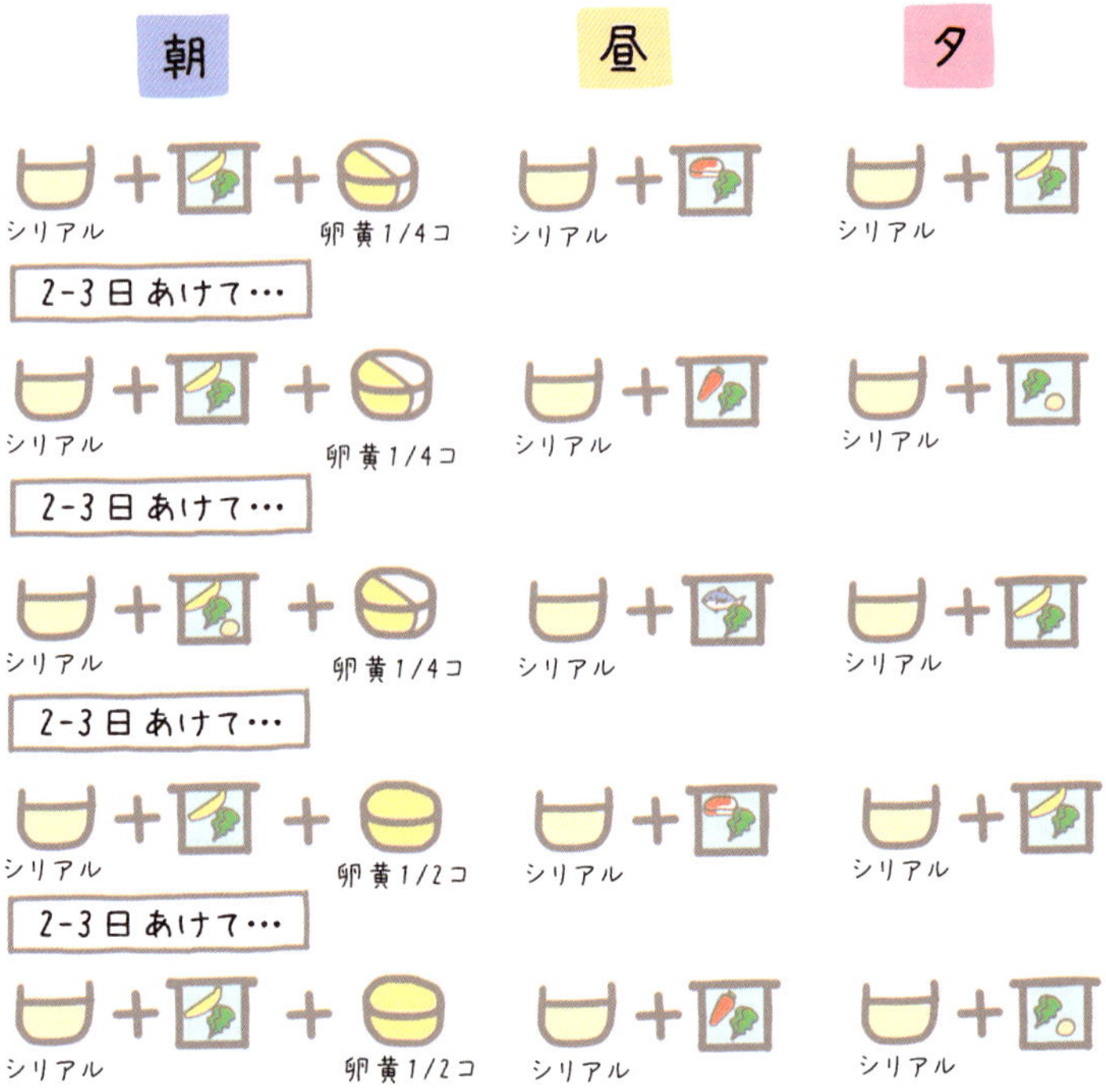

ここまでアレルギーっぽい症状がなければ
卵黄は食べても大丈夫だと考えましょう。

わからないときは小児科受診を！

乳製品にもTRY！

・無糖ヨーグルト
（脂肪は入っていてもOK）

・卵と同様1回ごく少量からスタートし2-3日おきに少しずつ増やし、1回子ども用ヨーグルト1コ（45g）まで食べられるようになったら毎日食べるようにする。

アレルギーを疑わせる症状が出なければ、3〜4日おきくらいに食べさせ、少しずつ量を増やしていきましょう。

卵はアレルギーを起こす子が多いので、なるべく日中にあげるのがよいのですが、難しい場合は毎週末の土日にあげて様子を見ましょう。

●乳製品

朝もしくは昼、体調がよく機嫌もよいときに、市販の無糖《むとう》ヨーグルト（低脂《ていし》肪《ぼう》や無脂肪でないもの）を耳かき1杯分からあげてください。

卵の場合と同様に、アレルギーを疑わせる症状が出なければ、2〜3日おきくらいに食べさせて少しずつ量を増やしていき、最終的には毎日食べるようにしましょう。

あげる量の日安としては、1日に市販の子ども用のヨーグルト1個（45g）くらいです。

●小麦製品

・うどんかパスタをゆでて少量を取り分け一口分あげてください

・市販の離乳食では、Gerber社のホールウィートシリアル（2nd Foods）やマルチグレインシリアル（2nd Foods）があります。1回15gを母乳かミルクで溶いて、これを一口分あげてください

この二つの方法のどちらかを用いて、卵や乳製品と同様に少しずつ量を増やしていきます。

最終的にうどんやパスタは大さじ1杯分、小麦のシリアルも15g分すべて食べて問題がなければ、小麦も食べて大丈夫ということになり、市販のうどんが使われている製品もあげ始められます。

ステップ3
離乳食に加えて、大人の食事を少しずつあげる

・一人で座って手をパチパチしたり、おもちゃで遊ぶ
・ハイハイをして、あちこちに移動する（ずりばい可）
・座ったまま足を動かして移動する
・体を支えてやると足を強く蹴《け》って立とうとする、もしくはつかまり立ちをする
・おもちゃをつかんで投げる
・床のゴミをつまむ（つまんで食べる）
・自我が出てきたように感じられる：怒って泣く、喜んで笑う、いやなときは「イヤ」と首をふる、など

こういうサインが出てくると、もうなんだか立派に小さな人間ですよね。

それは大人と同じものを食べる準備ができたということですから、離乳食に加えて大人と同じ食事を徐々に始めていきましょう。

最初にあげるものとして適しているのは、

・小さく切ったバナナ
・小さく切ったイチゴ
・薄くスライスしたリンゴ
・ゆでて細く切ったニンジン
・ゆでて細かくしたブロッコリー

などです。

これらは残念ながら市販のものはないのですが、食材を買って、洗って、切る(子どもが手に持ちやすいように)、そしてものによってはゆでる、チンする。これだけですから、ぜひ用意してあげてください。

通常の離乳食に加えて、前記のような食材をあげ始めて1カ月くらいすると、子どもはだんだんと自分の手

Step 3を始めるとき

レジャーシートをしく

お皿は投げるので
お皿に入れずに
テーブルにそのまま置く

ハイチェアでも可

で食べるようになります。
そうしたことから、「手づかみ食べ」「Finger Food」「Table Food」と呼びます。

これができるようになってきたら、シリアルもそろそろ卒業です。
もし余っていたとしても、今後も体調が崩れたとき、食欲がないとき、など
に使えます。

ママやパパ用のお肉やお魚、野菜や果物などから少し取り分けて、調理ハサミで切ってあげるとか、スプーンやフォークでつぶしてあげるというようにしていけば、子どもも大人と同じものを食べるようになっていきます。
ただし、大人の食事は味が濃いので、最初は子ども用に砂糖や塩分を加えず

に作り、大人用はあとで味を足す、というようにしてください。

たとえばおみそ汁の場合、だしで野菜やお豆腐《とうふ》だけを煮《に》て、それを子ども用に取り分け、大人用にはあとでみそを足す、ということです。

Step3

チェック

- 一人座りOK □
- 一人移動OK □
- つまめる □
- 自分の意志 □

すべてCheckできたら Step3 へ進んでみましょう。

おすすめ食材リスト

- 小さく切ったバナナ
- 小さく切ったイチゴ
- スライスしたリンゴ
- ゆでたニンジン
- ゆでたブロッコリー
- パンスライス

→ 手づかみ食べができてきたら

- おみそ汁の具（味付け前）
- むしチキン（小さくした）
- まるめたおにぎり

※市販離乳食は9ヵ月以降、3rd Food、Stage3のものを。

ステップ1から3のおさらい

ステップ1：シリアルからスタートし、はじめての食材を1種類ずつあげる
ステップ2：ステップ1をひととおりクリアできたら、食べる種類を増やす
ステップ3：離乳食に加えて、大人の食事を少しずつあげる

覚えてほしいのは以上の3ステップがあるということだけです。

離乳食や子ども用の食事をあえて別に作る必要はありません。

離乳食の初期の段階から市販のものをどんどんあげて、大人と同じものが食べられるようになったら、ママやパパの食事から少し取り分けてあげればよいのです。

できるだけ負担を減らし、栄養豊かに、笑顔で楽しく食べる！

これが一番です。

Column
コラム

「それでもやっぱり手作りしたい」というママたちへ

・ちょっと手作りしたいママ
・全部手作りしたいママ
それぞれに分けて、手作りする場合の栄養のポイントについて、お話しします。

まず**「ちょっと手作りしたいママ」**へ。方法は二つあります。

【方法・その1】手作り「もち麦アマランサスおかゆ」＋市販離乳食
ただのおかゆだと鉄や亜鉛が足りなくなるので、ごはんにもち麦とアマランサスを足しておかゆを作ることをおすすめします。

作り方は、次のとおりです。

「お米1合＋もち麦大さじ3＋アマランサス大さじ1」を炊飯器《すいはんき》に入れ、おかゆの目盛りまで水を加えたあと、さらに水を100㎖足して炊きます。

炊飯器の種類によってでき上がりは異なるのですが、スプーンにとってサラサラと落ちないくらいのボッテリした全がゆの濃さがよいでしょう。

炊《た》き上がった後、ある程度冷めたら冷凍用保存袋に入れて冷凍保存。使うときは使う分だけ適当に折って、電子レンジでチンして温めて使います。

この「もち麦アマランサスおかゆ」に卵、すりごま、オリーブオイルやごま油、市販離乳食のレバーペースト、野菜ピューレやだしなどを混ぜてあげるのもおすすめです。

鉄と亜鉛の補給のために、肉製品だけ市販の離乳食を使うという方法もありかもしれません。

【方法・その2】市販のシリアル＋手作り離乳食

市販のシリアルを使えば、最低限の鉄や亜鉛は補給できるので、あとはエネルギー、ビタミンD・Aのバランスを考えながら、好きなメニューをお作りください。

「冬に恋した孫にごはん！」を思い出してくださいね。フルーツ、油、肉、濃い色の野菜、シラス・サケ、卵、豆、ごま、乳製品、ごはん類です。

そして衛生面にも気をつけて、ニコニコ楽しく離乳食をあげるようにしてください。

次に、**「全部手作りしたいママ」**たちへ。

手作りする場合は、どうしても鉄・亜鉛が少なくなりがちです。そこでイギリスの離乳食ガイドラインでは、「6カ月以降最初にあげる食事は鉄が多く含まれる食材からスタートし、次に野菜やフルーツをあげるように」と指導しています。そのくらい鉄が大事であることが強調されています。

そのガイドライン上では、鉄が多く含まれる食材として「牛肉、鶏肉、ターキー、ラム、サーモン、水煮のツナ、豚肉、加熱した卵」、そして「豆腐、豆類（ひよこ豆など）」があげられています。豆類には亜鉛の吸収を阻害《そがい》する物質も入っているため、豆類だけで鉄を補おうとせず、吸収率の高い肉類を積極的に取り入れて離乳食を進めていくことをおすすめします。

ただ食中毒を起こさないよう、扱いにはくれぐれも注意してください。

その後の栄養バランスは、やはり「冬に恋した孫にごはん」です。フライパンなどで加熱するときは、エクストラバージンオリーブオイルかごま油を使うとよいでしょう。食材をペースト状にするときは、ハンドミキサーを使うと便利です。お肉を使ったペーストの作り方は、私のインスタグラムに載せています。

わが子に手をかけたものをあげたい、と思うのはごく自然なことだと思います。実際私も、一人目のときはほぼすべて手作りの離乳食でした。ただ何よりも忘れてはいけないのは、ニコニコハッピー離乳食タイムにすることです。離乳食作りに没頭《ぼっとう》するあまり、子どもとの時間が極端に減ったり、子どもとの時間を楽しく過ごせなかったり、自己嫌悪に陥っていては本末転倒ですものね。

離乳食を作ることが育児のモチベーションアップにつながり、親子ともに幸せになることが大前提です。

PART 5

Q&A「市販離乳食」を上手に使いこなすために

「買う離乳食」がよいのはわかったけれど、実際に使うとなるとちょっとためらってしまう、という方もいるかもしれません。そんなママたちの不安や疑問にお答えします。

Q

粉ミルクを飲ませることには抵抗を感じないけれど、瓶詰《ひんつめ》やレトルトパックの離乳食は人工的で不自然な感じがします。赤ちゃんに食べさせても本当に大丈夫？

A

日本ベビーフード協議会により、塩分、添加物《てんかぶつ》、残留《ざんりゅう》農薬、衛生管理、遺伝子組み換え食品などに厳しい審査基準が設けられており、子どもが食べてはいけない食材は用いず、食べやすく作られています。

アメリカ、ドイツ、フランス、イタリア、オーストラリアなどの海外製品は日本以上に有機栽培されている食材が多く使われており、遺伝子組み換え食品は使用せず、添加される塩分や糖分《とうぶん》が制限されるなど、細かい配慮《はいりょ》がなされているので、海外では市販品だけを食べている子も多くいます。

Q

できあいの離乳食ばかり食べさせていると子どもの味覚が育たないのでは?と心配です。

A

手作り離乳食でなければ味覚が育たない、ということはありません。買う離乳食は、**自然素材そのものの味を活かしたものが多いので、子どもの味覚の発達を十分に促《うなが》すことができます。**

また、手作り離乳食では使うことの少ない食材も使われていたり、メニューのバラエティに富んでいたりするので、さまざまな味や食感のものを体験することができ、より味覚の発達が促される可能性があるとも言えます。子どもの味覚を育てる亜鉛《あえん》を含む食事を摂ることのほうがよっぽどが大事です。

これは個人的な経験ですが、わが子も日本のもの、海外のもの、いろいろな市販の離乳食を食べて育ちました。その結果、好き嫌いもなく、なんでもよく食べる子に育っています。

Q
お金の面でちょっと心配です。買えばやはり、高くつくでしょう？

A
「自分で作れば安くてすむ」と思われがちですが、じつは意外とそうでもないのです。

「すり鉢《ばち》」「裏ごし器」など、離乳食専用の調理器具を買いそろえ、無農薬野菜や良質な肉・魚を何種類も用意するには、お金だけでなく時間も手間もかかります。さらに泣き叫ぶ子どもを横目に、もしくは自分が寝る時間を削《けず》って、衛生面に気をつけながら作らなければなりません。

それに比べて、安心安全な食材を厳選し、栄養バランスと衛生面を考慮して作られた離乳食が数百円で買え、**抱っこしたまま5秒で離乳食を用意することができるのですから、こちらのほうが断然安上がり**と考えることができると思います。スーパーのセールやまとめ買いなどを利用すればさらにお得です。

離乳食は作らない
ほうがうまくいく
泣き続ける
子ども
動きまわる
子どものケア
安全面
栄養バランス
農薬etcの
品質
衛生面
離乳食の内容を
考える時間
野菜・肉・魚を
買う時間
離乳食を作る
時間
保存できるよう
処理する時間
離乳食を
買う時間

Q A

1日3回あげるときも、全部「買う離乳食」だけでいいの？

市販の離乳食は栄養面・味覚面・安全面でもすぐれているので、全食「買う離乳食」でOKです。

離乳食の期間中、毎日すべて市販の離乳食を用いてももちろん問題はありません。

しかし、ずっと離乳食を食べているわけではないので、成長するにつれてだんだんと大人の食事と同じものに移行して、買う離乳食の頻度が減り、手作りの食事が増えていくというのが実際の姿です。

Q A

離乳食はどこで買えるの？

スーパーマーケット、デパート、ドラッグストアの離乳食コーナーで購入できます。安売りセールなどもあるので、よく食べる種類の離乳食はまとめ買いしておくのもよいでしょう。

取り扱う種類が最も豊富で、便利なのはネットショップです。「離乳食 ネット」とキーワード検索すると、いろいろなサイトが出てきます。インターネットならば、自宅でいつでも好きなときに注文ができ、宅配もしてもらえるので、重い荷物を持つ必要もなく、忙しいママはとても助かりますね。

Q

お肉やお魚を食べさせるのは何カ月頃から？ 「マグロなどは、白身魚に慣れた9カ月以降。豚肉や牛肉も9カ月以降」と離乳食の本には書いてあるけれど、それより早い6カ月以降でもあげてだいじょうぶ？

A

離乳食の本ではたいてい、「はじめ（6〜8カ月）は白身魚をタンパク源としましょう。脂《あぶら》の多い、マグロ、お肉などはまだ早いのでやめておきましょう」としていますが、そうなるとどうやって鉄を補充《ほじゅう》すればよいのでしょうか。

体内の鉄がなくなる6カ月以降は積極的に鉄を摂取する必要があります。鉄がすっかり枯渇《こかつ》した9カ月以降から始めても、鉄不足を解消するには数カ月かかるので、できるだけ早めに摂取するようにしてください。

そのためには、**少量でも吸収率の高いマグロ（ツナ）、カツオ、豚や牛肉などの赤身の肉類を食べないといけません。**

あともう一点、白身魚から始める必要はないとする根拠《こんきょ》があります。

アレルギーを起こしやすい食材として世界的に知られているのは「牛乳、卵、小麦、大豆、甲殻類《こうかくるい》（エビ、カニ）、木の実（ピーナッツ、アーモンド、カシューナッツ、くるみなど）、魚」の7種類です。日本では、さらにそこに蕎麦《そば》が加わります。

魚アレルギーについては世界で広く知られており、パルブアルブミンというタンパク質がアレルギー源であることもわかっています。

日本でも、サバなどの青魚を食べるとじんましんが出ることがあるのはわりとよく知られていますが、じつは青魚よりもヒラメやタイなどの白身魚のほうが、アレルギー物質になりうるパルブアルブミンの含有量が多いのです。

また、マグロやカツオはその含有量《がんゆうりょう》が少ないこともわかっています。

ですから、離乳食期のタンパク源は、白身魚よりも、マグロやカツオから始めたほうがよりよいと考えられます。

Q 1日にどのくらいの量を食べさせればいいの?

A どのくらいの量を食べさせればいいかというのは、とても難しい問題ですよね。
大人の場合を考えるとわかりやすいと思うのですが、たくさん食べる人もいれば少食の人もいて、栄養のバランスさえとれていれば、これが絶対正解というのはないかもしれません。

特に子どもは食べムラがあるので（まあ、大人でもありますが）1日にどれだけ食べたか、というよりも、**3日でどのくらい食べたかを考えるとよい**と思っています。

「子どもの胃《い》の容量は、体重1kgあたり30mℓ程度」と言われているので、7kgの子なら210mℓ、8kgの子なら240mℓくらいは食べられると考えてよいでしょう。母乳やミルクも飲むので、そのあたりも考えて、日安としてください。

「子どもが離乳食を食べてくれない」と悩んでいるお母さんはとても多いのですが、くわしくお話をうかがってみると、本に書いてあるとおりに米◯g、タンパク質のお魚は◯g、ときっちり計量して調理をし、「◯gしか食べてくれなかった」とか、「今日は少し食べ過ぎてしまった」とg単位で心配していることがよくあるようです。

食べる量は子どもによって異なり、体重のわりに少ししか食べない子もいます。

そういう場合は、おかゆでもスープでもできるだけ濃度の濃いものを食べさせるとよいですね（これは手作り離乳食の場合の話ですが）。

「最初のうちはおかゆの上澄《うわず》みだけを与え、そこから徐々に、5分がゆ、7分がゆ、全がゆへと濃くしていく」としている本もあります。ところが、スプーンからサラサラこぼれ落ちるような低濃度の離乳食だと、容量のわりにカロリーが低く、しかし量だけは多くて水分も多いので、すぐにお腹がいっぱいになってしまい、十分な栄養を摂ることができません。

大切なのは、量よりも質です。

最初のひとさじから全がゆ（お米が粒のまま少し残っている状態）でOKです。スプーンからこぼれ落ちない程度の、もったりとした濃さがいいと思います。成分がぎゅっと濃縮した離乳食なら、カロリーも栄養もたっぷりと摂ることができます。

Q

「おやつ」にはどんなものをあげたらよいの？

A

おやつというと「スナック」のようなイメージが浮かぶ方もいらっしゃるかもしれませんが、「子どもにとっては食事で足りないエネルギーを補充するもの」と考えていただくとよいでしょう。

あげる場合は、**小さく切ったバナナやリンゴなどのフルーツや、ヨーグルトをおやつとしてあげれば問題ないでしょう。**砂糖が使われていないクッキーやボーロもおすすめです。

また、市販の離乳食をおやつとして使えば、簡単にあげることができるので、負担なく回数も増やせます。ですからもしお腹が空いていそうであれば離乳食を追加であげてもいいですね。

Q

うちの子は何を口に入れても吐《は》きだしてしまい、食べません。どうしたらいい？

A

今の日本の離乳食の指導だと、「離乳食は1回食から」となっているので、1日1回ワントライだと思っている方もいらっしゃるようです。が、たいていは、離乳食をあげるタイミングは大人の都合により左右され、そのときに子どもが食べたい状態かどうかはわかりません。気持ちがのらないので食べない、ということもあるでしょう。

今食べる気がなくても、授乳を少しした後なら食べるかもしれないし、寝起きだったら、起きて少し遊んだ後なら食べるかもしれません。

その点でも市販の離乳食であれば、たとえばライスシリアルならすぐ作り直せますし、瓶や容器に入っているものであれば、よだれがつかなければ菌《きん》がいない状態を保てるので、口をつけていない清潔なスプーンでお皿やカップに取り分け、その分だけあげてみればよいのです。残りは冷蔵庫に保管しておけば、2～3時間は問題なく使用できます。

あげてみて食べなければ、また30分後にやってみるとか、気持ちが落ち着いたらあげてみるとか、何度か挑戦してみましょう。このときに大事なのは、無理強いをしないということです。面と向かって、「ほら食べなさい、あーー出したーー」とママが怖い顔をしていたら、子どもにとってものすごいプレッシャーとなり、食べようとしないかもしれません。

子どもの機嫌がよく、食べられそうなときに、ママもニコニコ気分であげるようにしてください。「食事は楽しいものだ」と最初の段階で子どもに刷《す》り込むのはとても大切なことです。

家族の食事の時間に一緒にあげてみる。ママが時間に余裕のあるときに楽しくあげてみる。気分がのっていそうなときにあげてみるなど、いろいろやってみるといいかもしれません。だんだんその子のペースがわかってきます。

自分で作ったものを吐きだされるとへこむのですが、買ったものならばそこまでへこまないので、市販品を使ってニコニコ楽しく離乳食をあげてみましょう。きっと食べ始めます。

だいじょうぶ、一生ミルクだけで生きている人はいません。必ず食事は食べるようになります。

A Q

アレルギーが出たときはどうすればいい？

アレルギー症状としてよくあるのが、口の周りが赤くなる、かゆくなる、蚊《か》に刺《さ》されたようなボコボコのしっしんができる、という症状です。しっしんができ、適切な治療をしてもなかなか治らないときにも、アレルギーが原因のことがあります。

ほかには、お腹が痛くなる、吐くなどの症状や、ひどくなると呼吸が苦しい、意識がなくなる、ということもあります。そういうときはもちろん「救急車！」です。

一方で、しっしんが出て心配しているうちに自然と消えたなど、アレルギーかどうか判断に困る場合も多く見られます。

「あれ？　これアレルギー？」と思ったら、スマホなどを利用して写真を撮ってください。そのうえで小児科を受診し、医師のアドバイスを受けてください。ご自身で判断し、アレルギー物質として除去する必要のない食材まで除去すると、大切な栄養素が欠けてしまうこともあるからです。

病院でアレルギーと診断され、しばらく除去食を続ける場合でも、市販品であれば7大アレルギー物質は記載する義務がありますので、入っていないものを選ぶことにより、安心して食べさせることができます。

「アレルギーがあるかどうか、離乳食を始める前に知っておきたい」と、受診される方もたまにいらっしゃるのですが、残念ながらそれはできません。実際に食べて症状が出てはじめて、アレルギーがあるかどうかがわかるので、まずは食べてみること、しかありません。

Q

離乳食を開始して、下痢《げり》や便秘《べんぴ》をしたときはどうすればいいの？

A

離乳食を始めると、ウンチが下痢になることや便秘になることはよくあります。それが様子を見てもいいのか、早めに病院を受診したほうがいいのか、すぐにでも受診したほうがいいかは、次のサインを参考にしてみましょう。

●すぐにでも受診したほうがいいサイン

・ウンチの色が「赤い」「白い」「黒い」
・機嫌が悪く食欲がない
・顔色が悪くグッタリとして元気がない
・熱がある
・嘔吐《おうと》している
・水のようなウンチが1日10回くらい出る

●早めに受診したほうがいいサイン

・水のようなウンチが回数は1日4~5回だが、10日以上続いている
・お尻《しり》がただれている
・ウンチをしようとするたびにイキんで真っ赤になって泣く
・ウンチがオムツの上でコロコロと転がるほど硬い

●様子を見てもいいサイン

・食欲がある
・機嫌がいい
・手足を活発に動かし活気がある

下痢のときに気をつけなければいけないのが、胃腸炎《いちょうえん》と食中毒です。

そのようなときは「すぐにでも受診したほうがいいサイン」が出ているので、病院に行きましょう。

不消化のために起きる下痢もありますが、その場合は食欲もあり元気です。様子を見ていいでしょう。下痢が長く続いていたり、お尻のかぶれがひどいときは、食物アレルギーの場合もあります。

判断に迷ったらウンチを持参するか、写真に撮って小児科を受診してください。

離乳食を始めると、便秘になることはよくあります。一度「便秘のくせ」、つまりウンチを腸にためるくせがつくと、便秘が続くことがありますので、早めに対処したほうがいいでしょう。

お家でできる便秘対策としては、Pのつく食べ物が便秘を解消するといわれています。ウンチは英語で「poo」といいますが、その頭文字の「P」と同じスペルを持つ、プルーン（prune）、ピーチ（peach）、ペア（pear、洋梨《ようなし》）の3Pです。これは1st Food のなかに入っている食べ物で、便秘解消に効く食べ物です。

ほかには、エクストラバージンオリーブオイルを離乳食に1、2滴垂《てきた》らすといいかもしれません。それでも3〜4日ウンチが出なければ受診しましょう。

おわりに

育児は楽に、楽しく、安全に

「手作り離乳食をあげることこそが愛情ある親の姿だ」と思っている方もいらっしゃると思いますが、私は手作りにかける時間を、もっと子どもと過ごすために使ったほうがよいと考えています。

子どもと向き合い、子どもの目を見て過ごしてほしいのです。

はじめて寝がえりをうった。

はじめてお座りをした。
はじめて一人で立った。
はじめて歩き出した。

その大事な「はじめての瞬間」を子どもと一緒に喜びあいましょう。今見られるそのかわいらしいしぐさや表情は、今だけなんです。

日に日に成長していく姿を見守ることは、ママとパパにとって大きな喜びです。笑顔で見守ってくれるママやパパと過ごす時間は、子どもにとっても何より幸せな時間なのです。

ママもパパも、子どもとたくさんふれあってください。そして、もっともっと、いっぱい抱きしめてあげてください。

私のモットーは、「子育ては楽に、楽しく、安全に」です。

日本中の子どもたちと、その子を囲む家族や人々が、心にゆとりを持ちながら温かい気持ちで安全に子育てをしていけるようにと願っています。

だからといって、手作りの離乳食を完全否定しているわけではありません。衛生面、栄養面、安全性に配慮《はいりょ》した離乳食を手作りし、ニコニコ笑顔で子どもにあげられる人もたくさんいらっしゃるでしょう。

でも、それが「できて当たり前」というわけではないのですから、できない自分を責めたりして、むりにがんばらなくてもよいのです。

市販の離乳食を使うのは「手抜き」ではありません。

「息抜きに使うもの」でもありません。「罪悪感を持って使うもの」でもありません。

それは「衛生面、安全面、栄養面」に配慮し、**子どもとハッピーに過ごす時間を確保するために、あえてする選択なのです**。

そういう前向きな意識のもと、どうどうと胸をはって市販の離乳食を与えましょう。

ただ、日本は世界の先駆《さきが》けであるはずなのに、鉄や亜鉛《あえん》を添加《てんか》した離乳食のバリエーションがまだまだ少ないのは、やはり懸念《けねん》点です。

日本でも6カ月から鉄や亜鉛が摂取できる離乳食製品がもっともっと増えるようにと切《せつ》に願い、今後に期待したいと思います。

最後になりましたが、本書の出版にご尽力いただいた時事通信出版局に、この場をお借りして御礼申し上げます。

また、私の執筆に対して理解を示してくれた家族に心から感謝します。両親や夫のサポートがなくては到底できませんでした。愛する子どもたちもよくがんばってくれました。ありがとう！

そして、この本を読んでくださったみな様、本当にありがとうございます。

本書が少しでもお役に立つなら幸いです。

2019年1月

工藤紀子

【著者紹介】

工藤紀子（くどう・のりこ）

小児科専門医・医学博士。
順天堂大学医学部卒業、同大学大学院小児科思春期科博士課程修了。栄養と子どもの発達に関連する研究で博士号を取得。日本小児科学会認定小児科専門医／日本医師会認定産業医／日本医師会認定健康スポーツ医／こころ新橋保育園嘱託医／東京インターナショナルスクール中目黒キンダーガーデン嘱託医。
夫の仕事でアメリカに渡り子育てを経験する。現在2児の母。都内クリニックにて、年間のべ1万人の子どもを診察しながら子育て中の家族に向けて育児のアドバイスを行っている。

工藤紀子 LINE公式アカウント

小児科医《しょうにかい》のママが教《おし》える
離乳食《りにゅうしょく》は作《つく》らなくてもいいんです。

2019年1月30日　初版発行
2020年3月 1 日　第 2 刷発行

著　　　者　工藤 紀子
発 行 者　武部　隆
発 行 所　株式会社時事通信出版局
発　　　売　株式会社時事通信社
〒104-8178　東京都中央区銀座5-15-8
電話03(5565)2155　https://bookpub.jiji.com/

編集協力　早川　愛（株式会社AISAI）
安藤智子
島上絹子（スタジオパラム）
装幀・本文デザイン　清水信次
イラスト　木下淑子
出版協力　吉田　浩（株式会社天才工場）

印刷／製本　中央精版印刷株式会社

ISBN978-4-7887-1601-8 C0077　Printed in Japan